촛불혁명과
욕망의 해방

촛불혁명과 욕망의 해방

발행일 2022년 12월 23일

지은이 강윤호
펴낸이 손형국
펴낸곳 (주)북랩
편집인 선일영   편집 정두철, 배진용, 김현아, 류휘석, 김가람
디자인 이현수, 김민하, 김영주, 안유경   제작 박기성, 황동현, 구성우, 권태련
마케팅 김회란, 박진관
출판등록 2004. 12. 1(제2012-000051호)
주소 서울특별시 금천구 가산디지털 1로 168, 우림라이온스밸리 B동 B113~114호, C동 B101호
홈페이지 www.book.co.kr
전화번호 (02)2026-5777   팩스 (02)2026-5747

ISBN 979-11-6836-633-6 03340 (종이책)   979-11-6836-634-3 05340 (전자책)

(주)북랩 성공출판의 파트너

북랩 홈페이지와 패밀리 사이트에서 다양한 출판 솔루션을 만나 보세요!

홈페이지 book.co.kr • **블로그** blog.naver.com/essaybook • **출판문의** book@book.co.kr

---

작가 연락처 문의 ▸ ask.book.co.kr

작가 연락처는 개인정보이므로 북랩에서 알려드릴 수 없습니다.

들뢰즈와 가타리에서 찾은 진보 재정립 프로젝트

촛불혁명과
욕망의 해방

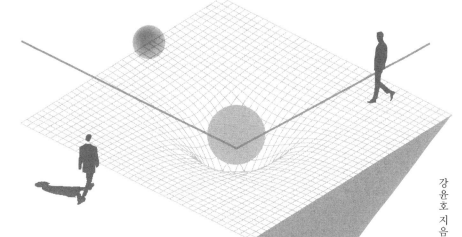

강윤호 지음

올바른 민주화의 해답

민중의 욕망이
관건이다!

 북랩

민주화는 끝나지 않았다. 더 정확히 말하면 민주화는 끝날 수 없다. 민주화는 영원한 과정이다. 민주화가 끝났다는 것은 둘 중 하나다. 민주주의가 완성되었다는 것이 그 하나이고, 민주주의가 생명을 다하고 민주주의 아닌 것이 승리했다는 것이 다른 하나다. 그러나 인간이 욕망의 존재인 이상 민주주의는 완성되지도 없어지지도 않는 것이다. 민주주의는 고정되어 있지 않은 하나의 과정이다. 민주주의는 부침을 겪으며 전진과 후퇴를 거듭하는 것이지 완성되어 고정된 형상을 가지는 것이 아니다. 민주화가 끝났다는 말은 성립되지 않는다.

인류의 역사는 진보와 퇴행, 민주와 반민주, 혁명과 반혁명의 영원한 반복의 역사다. 지금도 민주화는 진행되고 있다. 전진과 후퇴는 있을지라도 중단은 없다. 시작도 끝도 없는 과정이다. 민주주의는 영원한 과정이고, 민주주의의 진전이 혁명으로 나아가는 것이고, 이것이 진보다.

촛불혁명의 후광으로 '촛불정부'라는 수식어를 달고 등장한 문재인 정권은 5년 만에 이른바 보수 세력에 권력을 빼앗기고 말았다. 문재인 정권에 대한 역사적 평가는 시간을 두고 이루어질 것이나 분명한 점은 촛불정신을 담기에는 역부족이었다는 것이다. 형식적이며 절차적인 민주화에서 한 걸음도 더 나아가지 못했다. 6·10 항쟁의 결과 성립된 '87년 체제' 이후 더 실질적으로 민주화한 새로운 사회의 청사진을 제시할 의지도 부족했고 상상력도 부재했다. 진보라 일컬어졌던 이른바 86세대의 무능함과 기만성이 만천하에 드러났다.

이러한 상황에서 민주주의의 앞길이 캄캄해 보이기만 한다. 민주주의는 이대로 좌절할 것인가? 군사독재로부터의 해방 이후 민주화를 다시 촉발했던 촛불혁명의 앞길이 순탄해 보이지 않는다. 하지만 비관할 필요는 없다. 사실 우리는 패하지 않았다. 진보가 살아있다는 것을 확인했다.

퇴행은 일시적 현상일 뿐이다. 자세히 보면 제도의 덫이 크게 작용했다. 결선투표제의 미비와 같은 선거의 불완전성이 민중의 의사를 제대로 반영하지 못한 탓이다. 촛불은 살아 있다. 혁명적 욕망이 반동적 욕망을 능가하고 있다는 것을 우리는 확인할 수 있었다. 우리가 할 일은 제도를 더 가다듬고 교육과 언론을 민주화함으로써 진보를 흔들림 없이 추진하여 더욱 굳건한 토대 위에 새로이 정립하는 것이다.

이 책은 그 구체적인 방법을 모색하고자 쓰인 것이다. 그러기 위해 우선 개념의 정립이 필요하다. 이 시대에 혁명은 어떻게 규정되어야 하는 것인지? 진보라는 말은 제대로 쓰이고 있는 것인지? 그리고 진보와 민주주의, 파시즘과의 관계는 어떤 것인지? 등과 같은 물음에 대해 다시 생각해 볼 필요가 있다. 현대는 탈근대의 시대다. 근대의 시대는 지났다. 근대의 긍정성은 당연히 계승해야 하지만 그 부작용을 통찰하고 극복해야 하는 시대다. 탈근대를 맞이하여 그동안 우리의 정신을 지배해 왔던 상식이나 통념들을 재고하여 새로운 각성을 얻는 것이 새로운 혁명으로 나아가기 위한 최우선적 과제라고 할 수 있다.

나는 탈근대적 사유의 기초를 확립한 들뢰즈와 가타리의 사상을 바탕으로 해서 앞으로의 논의를 전개해 나갈 것이다. 들뢰즈와 가타리가 정립한 분자혁명이라는 새로운 개념을 기초로 해서 새로운 관점과 새로운 통찰력으로 촛불혁명의 새

촛불혁명과 욕망의 해방

로운 길을 찾고자 하는 것이 이 책의 목표다. 과거 혁명의 역사를 훑어보고 촛불혁명의 현재와 미래를 그릴 것이다. 그럼으로써 촛불 승리의 구체적 요건을 제시할 것이다.

'검찰공화국'이라 불릴 정도의 한국의 특수한 상황에서 검찰의 민주화가 시급하다. 교육과 언론의 민주화는 촛불혁명의 당연한 수순이다. 민주주의의 후진을 막고 혁명을 지속시키기 위한 대전제는 교육과 언론의 민주화다. 교육과 언론의 민주화를 통한 민중의 각성과 통찰력이 진보의 원동력이다. 혁명의 욕망, 진보의 씨앗은 살아 있다. 우리의 의지에 모든 것이 달려 있다.

차 례

4   머리말

13   **혁명이란?**

27   **혁명과 욕망**

37   **정치철학의 근본 문제**

47   **민주주의와 파시즘**

57   **혁명의 역사는 민주주의와 파시즘의 대결의 역사**

      프랑스혁명 59 / 러시아혁명 64 / 영국과 미국 68 / 68혁명 74

85   **탈근대 분자혁명**

      근대와 탈근대 85 / 들뢰즈와 가타리의 분자혁명 91

101 촛불혁명

한국의 숙명 101 / 한국형 구체제, 헬조선 108 / 혁명의 촛불 112 /
결론 120

127 촛불 승리의 요건

유불도와 68정신의 접목 128 / 대의민주주의와 선거의 한계 극복
136 / 진보의 재정립 141 / 검찰 민주화 151 / 교육 민주화 157 / 기호
전쟁에서의 승리 185 / 언론 민주화 194

201 혁명은 영원하다

혁명의 성공 기준 201 / 존재의 욕망과 혁명 203

207 맺음말

혁명이란?

우리는 일반적으로 급격한 삶의 변혁을 혁명이라 부른다. 그리고 삶의 개선을 점진적이고 온건한 개혁과 급진적이고 과격한 혁명으로 구분하는 것이 보통이다. 그러나 나는 완급이나 강도에 상관없이 삶의 '진보(進步, progress)'는 모두 혁명이라고 규정하고자 한다. 진보라 할 수 있는 것은 인간의 자유와 평등을 확장하는 것이다. 인간을 더 자유롭게 인간을 더 평등하게 하는 것이 모두 혁명이 아니면 무엇이겠는가? 혁명을 이렇게 규정한다고 해서 혁명이 쉬운 일이 되는 것은 결코 아니다. 변화무쌍한 인간의 욕망들이 부딪치는 현실에서 인간을 한 뼘이라도 더 진보시키는 일은 각고의 노력과 각성을 필요로 하는 일이다.

우선 진보가 아니라면 혁명이라고 할 수 없다. 반동적인 것은 쿠데타나 정변이라고 부를 수는 있어도 혁명이라고 할 수는 없다. 급격한 변혁만이 혁명인가? 개혁과 혁명의 구분은 기준도 모호할뿐더러 실효성도 크지 않다. 방향이 같다면 개혁과 혁명을 구분할 실익이 없다. 아무리 작아 보이는 자유와 평등의 증진도 의미와 가치는 클 수 있다.

삶의 개선이 모두 진보인가? 단순히 편리함의 증진이나 가능성의 확대가 진보는 아니다. 단순히 삶을 편안케 하고 사람의 능력을 향상시킨다고 해서 자유와 평등이 확산되고 제고되는 것이 아니다. 과학혁명, 산업혁명, 기술혁명 등이 꼭 삶을 진보시키는 것은 아니다. 이것들은 진보를 위한 도구로 쓰일 수 있을 뿐이다. 반대로 얼마든지 삶을 억압하는 도구로 쓰일 수도 있다. 현대사회는 급격한 변혁이 삶을 후퇴시키는 경우가 특히 많은 세상이다. 인터넷을 중심으로 한 디지털 기술의 발전은 사용자가 어떻게 수용하느냐의 여부에 따라 진보와 퇴행의 방향이 결정된다. SNS와 같은 새로운 정보통신기술과 새로운 미디어의 발달은 정보의 확산에 기여하지만 그만큼 유해한 기호조작[1]의 수단으로 악용될 수도 있다. 테크

---

1 기호조작에 대해서는 '촛불 승리의 요건' 부분에서 자세히 다룰 것이다.

놀로지의 발전은 민주주의에 양가적으로 작용한다.

진보가 무엇인지를 제대로 생각해 보자. 진보로 가는 것이 혁명이고 실질적인 민주화인데 우리는 너무도 생각 없이 진보라는 말을 남발하고 있다. 그래서 한편으로는 진보의 가치가 폄하되기도 하고 다른 한편으로는 가짜 진보가 판을 치기도 한다. 이것이 오늘날 가치관의 혼란으로 이어지고 있고 지배자들은 이를 적극적으로 활용하고 있다. 진보의 의미를 깊이 사유하고 진보의 개념을 정립하는 것이 현 상황에서 무엇보다 중요하다.[2]

오늘날에 이르러서는 헤겔과 마르크스의 사상을 거치면서 자본주의를 부정하거나 비판하는 좌파를 진보라 하고, 자본주의를 긍정하고 수호하려는 우파를 보수라 하는 것이 통념으로 정착된 것 같다. 이러한 통념을 바탕으로 정책을 수행하는 데 있어 정부의 개입을 지지하면 사회주의적 좌파이자 진보라 칭하고, 시장의 자유를 지지하면 자유주의적 우파이자 보수라 칭하는 것이 관행으로 굳어진 것으로 보인다. 그러나

---

2   개념이 제대로 정립되어야 가치의 혼란을 방지할 수 있다. 이러한 사실을 근거로 근대적 사유의 명석·판명함과는 달리 애매하거나 모호한 경향을 보이는 탈근대적 사유를 비판할 수도 있다. 그러나 애매하거나 모호한 존재를 그대로 인식하려는 탈근대적 사유와 의도적으로 개념을 왜곡함으로써 가치의 혼란을 유도하는 것과는 구별되어야 한다.

생각해 볼 문제가 많다. 마르크스의 사유만이 절대적인가? 사회주의를 실현했다고 여겨지는 러시아혁명을 역사의 진보로 볼 수 있는가? 자본주의의 소멸은 바람직하고 또 필연적인가? 등등.

이러한 문제들을 깊이 따져보는 것은 이 책의 범위 밖이다. 하지만 이런 문제들과 연관하여 도출된 나의 결론만 말하자면, 단언컨대 좌파와 진보는 무관하다. 기존의 좌파와 우파, 진보와 보수의 구분은 근대적 이분법에 기초한다. 다시 말하면 이러한 구분은 정부와 시장, 자유와 평등을 대립적인 고정된 실체로 바라보는 편협한 근대적 사유에 기초한다. 이러한 이분법이나 일도양단은 바람직하지 않다. 대립과 차별을 조장함으로써 이이제이(以夷制夷), 분할통치(divide and rule)를 실현하려는 정치적 악용의 소지도 많다.

세상은 두 가지만으로 구분될 수도 없고, 그렇게 구분되더라도 꼭 대립적인 것만은 아니다. 들뢰즈와 가타리의 용어로 말하자면 세상은 다양하고 복잡한 리좀[3]이다. 좌우, 정부냐 시장이냐, 자본주의냐 아니냐에 상관없이 행복의 증가, 욕망

---

3 리좀(rhizome)은 원래 뿌리줄기 또는 땅속줄기를 가리키는 말이다. 들뢰즈와 가타리는 나무가 줄기를 시작으로 가지치면서 자라나는 모양과 대비하여 땅속에서 줄기가 중심 없이 무한한 방향으로 뻗어나가는 모양을 가리키기 위해 리좀이라는 용어를 사용한다.

의 해방을 가져오는 모든 것이 진보라고 할 수 있다. 정치·경제·사회·문화·심리적인 모든 속박과 불안으로부터의 해방과 더불어 자연적 속박과 재난으로부터의 해방이 진보다. 요컨대 인간해방이 진보인 것이다. 사회와 역사가 진보한다는 것은 인간의 해방을 향하여 전진한다는 것이다.

인간해방은 환경과 생태의 보호와도 불가분의 관계에 있다. 현대 경제학의 주요 테마인 생태경제학과 복잡계 경제학에 의하면 종합적, 장기적 관점에서 환경과 생태의 보호가 인간에게도 유익하다. 존재의 일의성[4]을 토대로 하는 들뢰즈와 가타리의 비인간주의적·자연주의적 사유의 지평에서는 더 적극적으로 환경과 생태의 보호도 인간의 해방과 동일한 가치를 가지는 것으로 본다. 들뢰즈와 가타리 사유의 깊이를 짐작할 수 있다.

진보는 과학기술의 발전, 경제적 생산력의 증가보다 상위 층위의 개념이다. 진보는 인간의 해방을 향한 전진이고, 더 구체적으로는 인간의 자유와 평등을 향한 전진이라고 할 수 있다. 자유는 인간의 지고한 가치이고 모두의 자유여야 한다

---

4 존재의 일의성(一義性, 유니보씨떼, univocité, 영어 univocity)은 인간과 비인간, 인간과 사물과 자연을 포함한 모든 존재의 존재하는 방식이 동일하다는 것을 가리키는 용어다.

는 점에서 결국 진보는 평등한 자유(égaliberté, 영어 equal liberty)[5]의 구현이라고 할 수 있다.

진보의 반대는 흔히 사람들이 생각하는 보수(保守, conservative)가 아니다. 진보의 반대는 자유와 평등의 억제와 축소를 의미하는 반동(reaction) 또는 퇴행(regression)이다. 보수는 개인의 전통 지향적 성향일 뿐, 기득권 수호적인 퇴행적 수구(守舊, reactionary)와는 다르다. 보수적 성향의 반대가 개방적·혁신적인 자유주의적 성향(liberal)이다. 보수적인 사람도 진보적일 수 있고 개방적이고 혁신적인 사람도 퇴행적일 수 있다.

또한 좌파도 퇴행적일 수 있다. 좌익 파시스트가 그 예다. 나치와 같은 우익 집단뿐만 아니라 좌익 조직들도 의식적으로는 진보적인 행태를 보일지라도 무의식적으로 또는 들뢰즈와 가타리가 사용하는 미시적 의미로는 파시스트가 될 수 있는 것이다. 들뢰즈와 가타리에 의하면 몰적[6]으로는 반파시즘

---

5 에갈리베르떼(égaliberté)는 에티엔 발리바르의 논문 「'인간의 권리'와 '시민의 권리': 평등과 자유의 현대적 변증법」에서 차용한 용어다.

6 몰적인(molar) 것과 분자적인(molecular) 것을 구분하여 세상을 바라보는 것이 들뢰즈와 가타리 사유의 핵심을 이룬다. 몰적이란 것은 고정된 양(몰이란 말은 고정된 아보가드로수에서 따온 용어)을 가진 어떤 군은 덩어리의 이미지를 가리키는 것이고, 분자적이라는 것은 굳지 않은 유연하고 유동적인 이미지를 가리키는 것이다. 몰적인 것은 고정된 상태에 있지만 분자적인 것은 항상 어떤 과정 중에 있다. 분자적인 것은 몰적인 것과는 달리

을 외치면서도 자기 자신의 분자적 측면에서 파시스트적 소양을 가지는 그런 인간과 집단들이 얼마든지 존재한다.

나는 평등한 자유가 구현된 사회가 진정한 민주주의 사회라고 생각한다. 평등한 자유의 실현이 곧 민주주의를 실질화하는 것이라고 보기 때문이다. 민주주의란 무엇인가? Democracy라는 말 그대로 대중의 통치인가? 다수의 지배인가? 보통선거에 의한 대의제를 말하는가?[7]

제도로서의 민주주의 이전에 하나의 이념으로서의 민주주의를 규정하는 것이 먼저다. 이념을 구현하는 것이 제도이기 때문이다. 이념은 단순하고 명확할수록 좋다. 복잡한 것은 오염되고 왜곡되기 쉽다. 우선 민주주의를 대중을 무조건 추수하는 여론 정치나 무지한 대중에 영합하는 포퓰리즘과는 구별해야 한다. 단적으로 민주주의는 구성원이 주인이라는 것이

조직화·유기체화·구조화·형식화되지 않은 것들, 리좀 상태에 있는 것들이다. 몰적인 것은 내부와 외부의 구분이 명확해서 경계가 뚜렷하다. 분자적인 것은 외부와의 경계가 뚜렷하지 않고, 따라서 외부와의 관계와 상호작용을 규정하는 것도 훨씬 더 복잡할 수밖에 없다. 들뢰즈와 가타리는 몰적인 것을 거시적인 것으로 분자적인 것을 미시적인 것으로 표현하기도 한다. 몰적인 절편이나 몰적인 선들에 대한 분석은 거시적 분석이고, 분자적 흐름들에 대한 분석은 미시적 분석이다. 분석 대상의 크고 작음, 분석 기간의 길고 짧음과는 무관하다. 크기나 기간과는 관계없이 비표상적이고 무의식적이고 형식화되지 않은 것들이 분자적이고 미시적인 것이다.

7 대의제와 보통선거에 대해서는 뒤에서 더 자세히 논의할 것이다.

다. Democracy라는 말을 민주주의로 번역한 것은 탁월한 선택이었다고 본다. 민주주의라는 이상의 취지와 지향하는 바를 명확하게 보여 주기 때문이다. 민주주의에 대한 해석은 구구하지만 말 그대로 받아들이면 된다. 한 집단의 구성원 모두가 그 집단의 주인이라는 것이다. 주인은 자유롭고 평등하다. 억압받거나 차별받는 사람이 주인이라고 할 수는 없는 노릇이다. 주인의 가장 큰 덕목은 자유와 평등이다. 평등하고 자유로운 구성원들이 주인으로서 자기 스스로 결정하고 행동하는 사회가 민주주의 사회다. 이러한 내용의 이념을 실현하기 위해 필요한 것이 여러 가지 형태의 제도와 정책일 뿐이다.

민주주의가 자유와 평등을 확산시키고 제고하기에 최선인가 하는 의문이 들 수 있다. 나는 평등한 자유가 곧 민주주의 자체라고 생각한다. 민주주의는 주인으로서의 구성원 모두가 자기 운명을 자기 스스로 결정하는 것이다. 일부만 자기 운명을 결정할 수 있는 사회는 민주주의 사회가 아니다. 주인과 노예가 공존하는 사회는 파시스트 사회다. 극히 일부에 대한 억압과 차별일지라도 그것을 용인하는 사회는 결코 민주주의 사회라고 할 수 없다.

거듭 말하지만, 자유는 모두의 자유여야 하고 자유의 향유에 있어 차별이 없어야 한다. 민주주의를 어떻게 정의하든 평등한 자유가 지고한 가치라는 것은 누구도 부정할 수 없을 것이다. 민주주의가 제도로서 어떻게 정착되든 진정한 민주주의 체제라면 평등한 자유를 지향하는 사회가 아닐 수 없다. 자유와 평등의 확산과 신장을 추구하는 것이 민주주의 자체다. 제도로서 그것을 구현하는 단계에서나 효율이나 최선을 따질 수 있는 것이다.

그러나 민주주의가 언제나 완벽한 것은 아니다. 세상에 완벽한 것은 없다. 주인으로서의 결정이 허울만 그럴듯한 경우가 다반사다. 형식적으로는 그렇게 보여도 실질적으로 주인의 자격을 갖추지 못한 경우가 많은 것이다. 민주주의가 완벽하지 못한 가장 큰 이유는 민주주의에 본질적으로 내재한 파시즘 때문이다.

파시즘의 완전한 박멸은 불가능하다. 내재적 파시즘이 민주주의의 가장 큰 약점이자 적이라고 할 수 있다. 이상적인 민주주의라도 항상 잠재된 파시즘이 도사리고 있다. 파시즘은 여러 가지 논의가 있으나 간단히 말해 억압과 차별을 추구하는 모든 사상이라고 할 수 있다. 민주주의를 배척하는 모든 사유를 파시즘이라 보아도 큰 잘못은 없을 것이다. 이처럼 완벽하지는 못하다 해도 민주주의를 대체할 대안은 없다.

상상력의 빈곤일지 모르지만 아직까지 민주주의보다 더 나은 대안을 누구도 제시하지 못하고 있다. 민주주의가 중우정치, 포퓰리즘, 파시즘으로 빠질 수 있다는 비판은 많이 하지만 확실한 대안을 제시하는 사람은 보지 못했다. 파시즘 세력도 겉으로는 민주주의를 반대하지 않는다. 파시즘의 본질은 민주주의를 가장해 세력을 확장하는 것이다. 민주주의와 파시즘의 대결은 영원할 수밖에 없다.

평등한 자유가 실현된 진정한 민주주의는 파시즘과 대결할 수 있는 깨어 있는 시민들의 존재를 전제로 한다. 깨어 있는 시민은 임계적 자유[8]를 가진 시민이다. 임계적 자유는 한 집단의 상황과 한계 내에서의 소극적 거부나 적극적 선택의 자유를 넘어 그 사회의 사회적 조건과 형식을 깰 수 있는 자유를 가리킨다. 그 사회의 규범이나 도덕을 통찰하고 비판하고, 필요하면 그것을 극복할 수 있는 자유다. 그만큼 깨어 있어야 한다. 깨어 있는 시민들이라면 일시적 사정에 의한 파시즘은 언제든 퇴치 가능하다. 임계적 자유의 요건은 알 권리의 보장이다. 그러기 위해서는 정보의 투명성이 확보되어야 한다. 언론과 교육의 민주화가 관건이 될 수밖에 없다. 민주화된 언론

---

8 임계적 자유(critical freedom)는 『들뢰즈와 정치』를 쓴 폴 패튼이 들뢰즈와 가타리의 배치론에 함축된 자유의 의미를 설명하기 위해 제임스 털리에게서 차용한 개념이다. 임계적 자유는 체계의 임계점(critical point)을 넘어 창발로 갈 수 있는 자유라고 할 수 있다.

이 투명한 정보를 정확히 전달하고 민주화된 교육이 정보를 취사선택할 수 있는 통찰력 있는 깨어 있는 시민들을 육성함으로써 궁극적으로 실질적인 민주화가 가능하게 될 것이다.

정리하면, 다음 등식이 성립한다. '혁명=진보=자유와 평등=민주주의=비파시스트적 삶'. 진보는 자유와 평등의 확산이다. 모두의 자유여야 하고 누구도 차별받지 않아야 한다. 이것이 주인으로 사는 것이고, 모두가 주인인 사회가 민주주의 사회다. 민주주의 사회에서는 모든 억압과 차별과 권위주의는 사라지고 자신의 욕망에 따라 삶을 개척할 수 있다. 더 이상 파시즘이 발붙일 수 없는 사회, 누구나가 비파시스트적 삶을 사는 사회가 민주주의 사회인 것이다. 나치즘이나 전체주의 같은 거대한 억압체제는 물론, 일상의 파시즘이 일소된 사회가 자유와 평등이 확립된 민주주의 사회다.

광장의 민주주의와 일상의 민주주의의 결합으로 실질적인 민주주의가 가능할 것이며, 이것이 진보의 과정이고 혁명의 과정이다. 혁명은 영원한 과정이다. 급격한 변혁, 거대한 전환뿐만 아니라 일상의 파시즘이 축출되고 일상의 민주주의가 실현되어 자유와 평등이 확산되는 일말의 진보라도 이루어지는 모든 일상의 과정이 진정한 혁명의 과정이다.

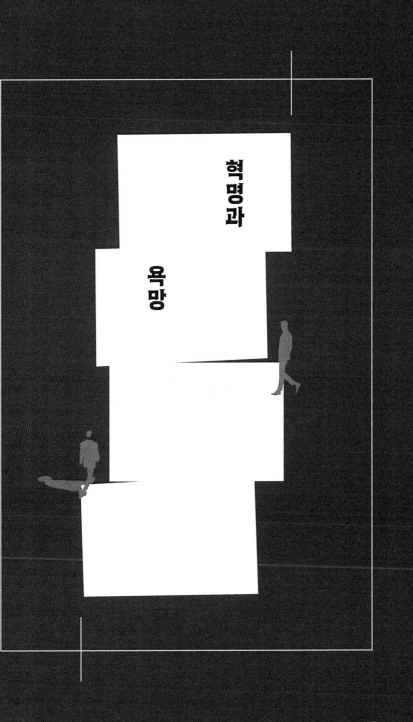

혁명과

욕망

혁명은 어디에서 오는 것일까? 위선과 반동과 현실에 안주하고자 하는 유혹을 이기고 자유와 평등을 신장시켜 인간을 해방하려는 힘은 어디에서 샘솟는 것일까? 수많은 혁명의 요인들이 있을 것이다. 정치, 경제, 사회적 모순의 누적이 현실에의 안주를 허락하지 않을 것이며, 새로운 사상으로 무장한 주체들이 위선과 반동의 힘을 역전시킬 것이다. 도화선이 되는 사건이 혁명을 촉발할 것이다.

이 모든 것들의 근저에는 어떤 힘이 흐르고 있다. 물리적으로 측정할 수 있는 운동량이나 현실적 에너지보다 더 심연을 흐르는 힘이다. 여기에서의 힘은 측정할 수 없고 감각되지 않는 모든 잠재적인 역량을 표현하는 것이다. 가령 동양철학에서의 기(氣), 정신분석에서의 무의식적 리비도와 같은 것이다. 프로이트류의 개인적·가족적인 것일 수도 있고 카를 융류의 집단적인 것일 수도 있다. 들뢰즈와 가타리는 그러한 것들을 모두 포괄하는 개념으로 '욕망(désir, 영어 desire)'이라는 단어를 사용한다. 의식적으로 어떤 대상을 욕망하는 것이 아니라, 무의식적으로 어떤 것을 추동하거나 촉발하는 힘으로서의 욕망이다. 들뢰즈의 차이의 철학에서의 '차이 자체' 또는 잠재적 역량과 같은 내재적 힘으로서의 욕망인 것이다.

권력의 장악이라는 몰적·거시적 혁명의 성공 여부는 폭력에 의해서건(폭력혁명), 선거에 의해서건(선거혁명) 최종적으로는 대중의 몰적 동원에 좌우된다. 다수 대중의 몰적 동원을 추동하는 근본 요소는 대중의 의식적 또는 무의식적 욕망이고, 그중에서도 더 근원적인 것은 무의식적 욕망이라고 할 수 있다. 한편, 욕망의 해방을 목표로 하는 분자적·미시적 혁명의 성공 여부는 욕망 자체의 움직임에 달려있다. 당연히 무의식적 욕망이 중요하다. 요컨대 모든 혁명에 있어서 성공 여부는 무의식적 욕망의 작동에 달려있다고 할 수 있다.

의식과 상호 작용하는 무의식에 대해 생각해 보자. 일반적으로 무의식은 인간 정신을 전체집합으로 하는 의식의 여집합이라고 할 수 있다. 정신분석을 개척한 프로이트는 정신의 영역을 의식과 무의식으로 분류하여 정신 내의 무의식에만 초점을 맞춘다. 그러나 정신분석을 비판하며 분열분석9을 연 들뢰즈와 가타리는 사유의 지평을 확장한다. 그들의 사상은 인간중심주의를 벗어나 비인간주의 또는 자연주의에 이른다. 앞서 언급한 존재의 일의성을 전제로 하는 사유의 결과다. 따라서 의식의 담지자인 자아를 전제하는 인간 중심의 존재론을 탈피한다. 이들에게 의식을 포함하는 전체집합은 인간을 넘어 세계, 자연, 우주 전체가 된다. 이제 무의식은 정신 현상에 국한되는 것이 아니라 세계 전체로 범위를 확장하게 된다. 존재하는 모든 것들의 생성과 운동을 가져오는 잠재적 힘 또는 역량, 생산적 욕망으로서의 자격을 얻게 된다.

이런 의미에서 무의식은 나의 무의식을 넘어 나의 의식과 우리의 의식에 영향을 미칠 수 있는 모든 것이라고 할 수 있다. 『안티 오이디푸스』와 『천 개의 고원』을 번역한 김재인 선생은 다음과 같이 말한다.

"의식은 어디에서 유래할까? 무의식이 의식을 형성한다. … 정신

9　분열분석(schizo-analysis)은 들뢰즈와 가타리가 정신분석(psycho-analysis)을 비판하며 그 대안으로 제시한, 무의식에 대한 해석 또는 사유 방식이다.

분석에서 전체집합은 정신인데, 정신 안에 의식이 있고, 의식의 바깥 부분, 즉 의식의 여집합이 무의식이다. 들뢰즈의 경우에는 바깥이 더 확장된다. 무의식은 의식의 여집합 전체를 가리킨다. 무의식은 정신 영역을 넘어 몸과 우주 전체로까지 확장된다. 의식은 우주 전체의 결과물, 우주 전체가 빚어내는 효과다."[10]

비의식으로서의 의식 이외의 모든 것이 무의식이 된다. 의식 이외에 존재하는 모든 것이 무의식이고, 그것은 모두 의식에 영향을 미칠 수 있다.

현대의 탈근대적 흐름을 사유하는 데 필수적인 종합적이고 전체적인 관점, 복잡계적 관점에서 볼 때 무의식의 개념을 이처럼 넓게 볼 필요가 있다. 인간에 한정할 필요가 없다. 인간 중심주의적 사고를 벗어나야 한다. 존재론적으로 무의식을 욕망과 결합한 들뢰즈와 가타리의 사유가 많은 통찰을 준다. 그들에게 무의식적 욕망은 생성의 내재적 원리이자 사회 구성의 원리다.

생산적 욕망은 존재의 원천이자 인식의 근거로서의 들뢰즈

---

10 김재인, 「무의식을 생산하라」, 『철학, 혁명을 말하다』, 한국프랑스철학회 엮음, 2018, 379~380쪽.

의 차이 자체와 동일한 위상을 갖는다. 그들의 욕망은 무의식적이고 생산적인 욕망이다. 현실적인 결핍(lack)으로서의 욕구(wants)나 필요(needs)가 아니라 잠재적 생산으로서의 욕망인 것이다. 기계를 작동시키는 에너지와 유사하다. 들뢰즈와 가타리는 모든 존재자들을 하나의 기계로 본다. 그들의 세계관인 일의적 존재론에 입각한 비인간주의, 자연주의와 통하는 기계주의(machinism)의 논리적 결과다.[11] 욕망이 기계를 작동시킨다. 한 개인의 심리적 속성과는 전혀 다른 것이다. 결핍이나 결여로서의 욕망이 아니라 니체의 '힘의 의지'와 같은 것이다. 들뢰즈와 가타리의 욕망은 무의식적 욕망이고, 그들의 무의식은 욕망적 무의식이다.

한 사람의 가치관이나 세계관은 의식과 무의식의 결합의 산물이라고 할 수 있다. 넓은 의미의 무의식이 의식에 영향을 미친다고 했지만 한 사람 내부에서의 의식과 무의식은 서로 영향을 주고받는다고 볼 수밖에 없다. 한 사람의 의식적 사유와 행동이 그 사람의 무의식의 생성에도 영향을 주는 것은 필연적이다. 의식적 사유와 행동과 경험이 잠재적인 기억과 경

---

11 들뢰즈와 가타리의 기계주의는 인간중심주의에 기초하여 인간과 기계를 분리해 바라보는 기계론(mechanism)과는 다른 것이다.

험이 되고 사건이 되어 그의 무의식에 침잠하게 되는 것은 당연하기 때문이다. 그래서 들뢰즈에게서 무의식적 욕망은 순수과거, 순수기억, 순수사건으로 표현되기도 하는 것이다.

의식과 무의식은 상호작용, 상호전제의 관계에 있다. 따라서 그것들의 결합으로 생기는 가치관이나 세계관이 한번 형성되면 그것을 변화시키는 일은 지극히 어려운 일이다. 단순히 사람들의 의식적 이성이나 믿음에 영향을 줌으로써 해결될 일이 아니다. 가령 한 사람이나 집단의 가치관이나 세계관, 그에 근거한 행동을 반동에서 진보의 방향으로 전환하는 일은 인간의 무의식을 지배하는 자연적, 사회적 조건과 형식들에 대항하여 모든 것을 진보의 방향으로 되돌리는 거대한 작업이 될 수밖에 없다.

욕망의 재배치는 그만큼 어려운 일이다. 의식에 대한 이성적 계몽의 수준을 넘어 그보다 더 지난한 무의식적 욕망의 혁명적 방향으로의 역전을 지속적으로 시도해야 한다. 요컨대 진보의 방향으로 전환시키는 것, 즉 혁명의 성공을 위해서는 집단지성과 함께 집단욕망의 움직임에도 초점을 맞춰야 한다.

욕망은 혁명의 원천이자 목표다. 혁명을 가져오는 것은 의식과 무의식의 상호작용이지만 우리가 혁명의 이상을 실현하기 위해 무의식에 영향을 줄 수 있는 것은 의식적 노력일 수밖에 없다. 무의식은 자의적으로 통제할 수 없기 때문에 무의식인 것이다. 우리가 할 수 있는 것은 과학과 기술, 교육과 언론 등을 민주화하고 무지와 왜곡을 타파해 나가는 일이다. 스스로를, 그리고 타자를 깨어 있도록 함으로써 무의식에 선한 영향력을 줄 수 있도록 하는 수밖에 없다.

그러나 모든 존재가 그러하듯이 영원한 것은 없다. 깨어 있음도 마찬가지다. 들뢰즈와 가타리의 분열분석이 보여 주듯이 의식도 무의식도 혁명의 극과 반동의 극 사이에서 영원히 진동하는 것이 진리다. 즉 영원한 진보도 영원한 반동도 없는 것이다. 진보와 반동의 싸움은 영원할 수밖에 없다.

다시 강조하건대 반동에서 진보의 방향으로 욕망을 역전시키는 것은 쉬운 일이 아니다. 더구나 진보는 자유와 평등을 확대하는 일인 만큼 가지 않은 길을 개척해야 하는 경우가 많다. 진보의 반동에 대한 우위의 증명은 비존재의 존재에 대한 우위, 비감각의 감각, 비경험의 경험에 대한 우위의 증명을 요구하는 것만큼 어려운 일이다.

아직 존재하지 않는 것, 보이지 않는 것, 가지 않았던 것으로 사람의 마음을 사로잡고 설득하는 것은 결코 쉬운 일이 아니다. 가령 기본소득을 구현하려는 사람들이 직면하는 어려움이 이런 것이라고 할 수 있다. 구체적 청사진을 제시하면서 그들의 생산적 욕망을 자극해야 한다. 진보를 지향하는 자는 의지를 가지고 다른 사람들에게 영감과 상상력을 불어넣어야 한다.

정치철학의 근본문제

혁명과 욕망의 관계를 사유하는 이러한 과정에서 자발적 예속을 욕망하는 인간의 존재론적 문제가 제기되는 것은 어쩌면 당연하다고 할 수 있다. 스피노자와 빌헬름 라이히가 이미 제기한 바 있는 미시적 파시즘의 문제다.

'왜 인간들은 마치 자신들의 구원을 위해 싸우기라도 하는 양 자신들의 예속을 위해 싸울까?'(스피노자)

'왜 대중들은 파시즘을 욕망했을까?'(라이히)

'개인이건 집단이건 주체들이 자기 계급의 이해관계에 명백히 어긋나게 행동할 때, 또 그들의 객관적 상황으로 보아 투쟁해야 마땅한 계급적 이해관계와 이상들에 찬동할 때, 그 이유는 무엇인가?', '어떻게 욕망이 욕망하

는 주체 속에서 자기 자신의 탄압을 욕망하게끔 규정될 수 있는가?', '욕망은
왜 스스로 억압되기를 바라는가, 욕망은 어떻게 자신의 억압을 바랄 수 있는
가?'(들뢰즈와 가타리)

이러한 문제들은 다음과 같이 구체적인 정치적 용어로 말
할 수도 있다.

'왜 민주주의는 위선과 반동이 불가피한가?'

'왜 민주주의는 파시즘을 잉태할 수밖에 없는가?'

들뢰즈와 가타리는 이러한 물음들을 정치철학에서의 근본
문제로 바라본다. 자발적 예속의 문제는 정치 과정을 이해하
고 설명하는 데 핵심적 요소로 기능한다.

이러한 물음들에 대한 들뢰즈와 가타리의 답은 다음과 같
다. 욕망이 사회장을 구성한다. 하나의 사회장으로서의 민주
주의 체제도 욕망이 결정한다.

"사회장은 욕망의 역사적으로 규정된 생산물이며, 심지어
사회적 재생산의 가장 탄압적이고 가장 치명적인 형식들조차
도 욕망에 의해 생산된다."

그들의 욕망은 앞서 논의된 것처럼 무의식적 욕망이다. 그
런데 무의식적 욕망은 의식적 이해관계와는 그 지향하는 방
향을 달리할 수도 있다는 것이 문제다. 무의식적 리비도 투자

는 편집증적-반동적(paranoiac-reactionary) 극과 분열증적-혁명적(schizo-revolutionary) 극 사이를 왕복한다. 이러한 진동의 과정에서 욕망은 자기 자신의 억압을 욕망하는 데까지 이를 수도 있다.

"한 집단이 계급의 이해관계와 그 전의식적 투자들의 관점에서는 혁명적일 수 있지만, 그 무의식적 리비도 투자들의 관점에서는 그렇지 못하며 심지어 파시즘적이고 경찰적인 채로 머물 수 있다."
"리비도 투자의 관점에서 보면, 개혁가와 파시스트, 때로 심지어 몇몇 혁명가들 사이에는 거의 차이가 없음을 볼 수 있다. 이들은 전의식적 방식으로만 구별될 뿐, 이들의 무의식적 투자들은 이들이 같은 몸을 이루고 있지 않을 때조차도 같은 유형에 속해 있다."

전의식 수준에서 혁명적 집단이 권력을 장악한다 해도 이 권력 자체가 자신을 예속시키고 욕망적 생산을 으깨기를 계속하는 권력 형식과 관련되는 한, 이 집단은 예속집단에 불과하다. 이처럼 동일한 한 집단이 전의식적 차원에서는 혁명적이고, 무의식적 차원에서는 반동적일 수도 있는 것이다. 또한 동일한 사람들이나 동일한 한 집단이 두 가지 집단의 성격을 동시에 보여 주기도 하고, 한 유형의 집단에서 다른 유형의 집단으로 끊임없이 이행하기도 한다.

자발적 예속의 문제는 참된 욕망의 정립에 배치되는 욕망의 순응의 문제이자, 사회적 조건과 형식의 내면화의 문제다. 욕망의 문제이지 오해나 착각의 문제가 아니다. 일시적인 속임수나 기만의 문제가 아니라 세계관이나 가치관 등의 정립과 관련된 문제라고 할 수 있다. 정신분석의 용어를 빌리자면 순응하는 리비도 투자와 저항하는 역-투자의 문제다.

들뢰즈와 가타리는 체제에서 배제당하고 착취당하는 자들이 무의식적으로는 그 체제를 이해관계와 무관하게, 즉 사심 없이(désintéressément) 사랑할 수도 있다고 말한다. 현실에 안주하려는 본능, 가지 않은 길에 대한 공포는 누구나 가지고 있는 무의식적 욕망이다. 이를 들뢰즈와 가타리는 그 체제에 대한 사심 없는 사랑이라고 표현하는 것이다. 이로 인해 '지배계급에 대한 일반적 복종(la soumission générale à une classe dominante)'이 가능하게 된다. 들뢰즈와 가타리에 의하면 다음과 같이 정리할 수 있다.

"사회장이 이해관계가 아니라 욕망에 의해 투자되는 한, 무의식적 투자들은 그 기계적 절단들과 종합의 분리차별적 사용들을 사회장 속으로 지나가게 함으로써 '지배계급에 대한 일반적 복종'을 확보할 수 있다."

무의식의 결합종합들의 분리차별적 사용[12], 기능, 작동은 "지배계급에게 봉사하는 비길 데 없는 무기"가 된다. 무의식의 결합종합의 분리차별적 사용, 즉 중심적이고 지배적인 가치나 이익을 조금이라도 분유(分有)한다는 일말의 동질화의 무의식이 자기 것의 수호, 타자에 대한 혐오, 차이의 부정과 같은 기득권적 망상을 유발하는 동시에 '지배계급에 대한 일반적 복종'을 초래할 수 있다. 자신도 모르게 위계적 관계, 억압과 복종의 관계를 용인하는 것이다. 이해관계에 따르는 것이 아니라 무의식적 욕망에 의해 '지배계급에 대한 일반적 복종'에 이를 수 있다는 것은 누가 시키지 않아도 욕망은 스스로 내재적 과정에 의해 억압의 방향으로 돌진할 수도 있다는 것이다. 자본 자체에 대한 사랑, 관료제에 대한 복종, 파시즘에 대한 욕망에서 우리는 그런 사례들을 볼 수 있다.

근본적으로 무의식적 욕망이 정체성과 세계관을 결정한다. 한 개인과 한 집단의 정체성과 가치관을 규정하는 근원적 충

---

12 들뢰즈와 가타리는 『안티 오이디푸스』에서 무의식의 종합을 연결종합, 분리종합, 결합종합의 세 가지로 나눈다. 그 중에서 결합종합의 사용을 다시 분리차별적 사용과 유목적 사용으로 나눈다. 분리차별적이라는 것은 인종주의적이고 지배계급적인 망상에 사로잡히는 것이다. 무의식적인 반동적 투자는 무의식의 결합종합의 분리차별적 사용에 의해 진행되고, 무의식적인 혁명적 투자는 무의식의 결합종합의 유목적 사용에 의해 진행된다. 자세한 것은 유튜브 채널 〈들뢰즈 경제학 토론클럽〉을 참조할 것.

족이유는 무의식의 종합들로서의 개인적 또는 집단적 욕망이라고 할 수 있다. 누적된 무의식, 즉 잠재적인 순수과거·순수기억·순수사건이 그의 세계관과 가치관을 포함한 의식 전체를 결정한다.

따라서 무의식적 욕망의 형성에 영향을 줄 수 있는 요소들이 중요하다. 그중에서도 특히 중요한 것이 기호의 작용이다. 미디어 조작, 상업적 광고, 정치적 언표나 담론뿐만 아니라 인문사회과학 등의 지식 체계를 모두 포괄하는 기호들의 체제가 무의식적 욕망을 자극하여 세계관과 가치관의 형성에 결정적 영향을 미칠 수 있다.

기호체제는 이데올로기와 같은 소위 상부구조의 일종을 말하는 것이 아니다. 기호체제는 들뢰즈와 가타리의 배치론에서의 언표적 배치의 하나다. 한 사회를 구성하는 핵심 장치 중 하나다. 들뢰즈와 가타리의 사회사상의 핵심은 배치론이고, 배치론은 언표적 배치와 기계적 배치의 상호작용으로 한 사회와 한 시대가 형성되는 것으로 설명한다. 기호체제, 언표적 배치에 대한 조작, 즉 기호조작은 무의식적 욕망의 형성에 결정적 역할을 한다는 것이 『천 개의 고원』에서의 들뢰즈와 가타리의 논의의 핵심이다. 기호조작은 의식을 조종하는 속임수에 한정되는 것이 아니다. 그것은 무의식을 조종함으로써 우리의 정신을 지배하려는 총체적 수단이다.

의식과 무의식의 경계는 불분명하다. 양자는 분리 불가능하며 상호작용하며, 상호전제와 순환의 관계에 있다. 들뢰즈와 가타리는 근본적 원리로서의 무의식적인 생산적 욕망을 사유하지만, 한쪽의 우위 또는 일방적 인과관계가 성립한다는 증거는 없다. 무의식이 더 심층에서 작용할 뿐이라고 보는 것이 타당하다. 의식적, 무의식적 모든 작용과 행동이 의식과 무의식에 리좀적으로, 복잡계적으로, 순환적으로 영향을 미친다고 볼 수 있다.

결론적으로 인간의 판단과 선택은 의식과 무의식의 종합적 결과라고 할 수 있다. 의식적 이해관계나 감정보다는 무의식적 욕망의 흐름이 민주주의냐 파시즘이냐, 진보냐 반동이냐를 결정하는 데 더 큰 역할을 할 수 있고, 그 반대일 수도 있다. 그래서 집단지성과 집단욕망이 모두 중요한 것이다.

정리하면, 근원적으로 무의식의 결합종합의 분리차별적 사용이 기득권적 망상을 유발하는 동시에 '지배계급에 대한 일반적 복종'을 초래할 수 있다. 이 과정에서 기호조작이 관건이 된다. 작게는 하나의 언표나 상징에서부터 거대 담론과 지식 체계 또는 이데올로기의 생산에 이르기까지 모든 기호들의 조작이 의식과 무의식에 영향을 미친다.

기호조작의 효과가 단지 일시적 속임과 왜곡에 불과한지 자발적 예속과 같은 무의식적 욕망에까지 미치는지 구분하는 것은 중요치 않다. 의식적, 무의식적 차원을 망라하여 우리의 세계관과 가치관을 형성한다는 것이 중요하다. 오늘날과 같이 지식경제나 인지자본주의 등의 담론이 유행하는 상황에서는 지식의 생산과 유포가 특히 중요하다. 탈영토적 상상력의 혁명성에 대비되는 영토적 지식의 반동성이 항존한다. 소위 엘리트라 불리는 지식인, 전문가 등의 기호 생산과 조작이 대중의 욕망의 형성에 지대한 영향을 줄 수 있다.

민주주의와

파시즘

정치철학의 근본 문제는 결국 파시즘의 문제다. 민주주의란 평등한 자유를 가진 구성원들의 자기결정이라고 했다. 자유와 평등이 주인으로서의 자격을 부여하는 요체다. 파시즘은 여러 사상가들에 의해 여러 가지 의미로 규정된 바 있다.

나는 파시즘을 민주주의에 의식적으로 또는 무의식적으로 반대하고 그것을 파괴하려는 모든 사상이라고 규정하고자 한다. 몰적이든 분자적이든, 거시적이든 미시적이든, 눈에 보이든 보이지 않든 간에 지고의 가치인 자유를 억압하거나 일부에게로 제한하고, 인간과 사회를 위계적이고 차별적으로 바라보는 모든 사상이 파시즘이라고 할 수 있다.

따라서 파시즘은 민주주의의 적이다. 파시즘은 무솔리니의 파시즘, 히틀러의 나치즘이나 소련의 스탈린주의와 같은 인간 파괴적인 극단의 경우 외에도 우리에게 너무도 가까이 일상적으로 존재한다. 자본 자유화를 최우선하는 왜곡된 자유주의인 신자유주의가 아직도 우리의 정치와 경제를 지배하고 있을뿐더러 외국인이나 여성, 장애인 등 소수자에 대한 혐오와 지역, 계층 간의 차별에 이르기까지 실로 민주주의에 역행하는 파시즘은 우리의 일상 곳곳에서 똬리를 틀고 있다.

더 나아가 우리 안에도 파시즘이 있다. 스스로 파시즘에 굴복하는 자발적 예속의 모습을 도처에서 발견할 수 있다. 스스로 주인이 되는 것을 버거워하며 자신의 자유와 평등을 자발적으로 포기하고 예속적 주체로서 현실을 향유하는 데에만 만족하려는 경향이 누구에게나 있는 것이다. 들뢰즈와 가타리가 자발적 예속의 문제를 정치철학의 근본 문제라고 한 것을 십분 이해할 수 있다.

파시즘은 민주주의에 내재하는 적이다. 그 이유는 파시즘의 분자적 성격 때문이다. 외부로부터의 몰적 억압이 없더라도 민주주의에 내재하는 자체직인 분자적 흐름, 즉 구성원 각자의 내부에 있는 파시스트적 욕망 때문이다. 들뢰즈와 가타리가 엄밀하게 말하는 파시즘은 암적인 몸체로서의 미시파시즘(micro-fascism)이다.

파시즘은 "전체주의적인 고정된 유기체가 아니라" 탈기관체[13]의 퇴행적 유형 중 하나인 "암적인 몸체"다. 탈영토화와 탈주에 내포된 가장 큰 위험이 파시즘이다. 탈영토화의 선, 탈주선이 파괴의 선으로 역전되는 과정에서 가장 위험한 경우라고 볼 수 있는 것이 파시즘인 것이다. 민주주의가 파괴의 선으로 퇴행하는 경우에 나타날 수 있는 것이 파시즘이다. 민주주의가 순간적으로 전체주의화할 수 있는 것도 파시즘을 통해서라는 것이 들뢰즈와 가타리의 설명이다.

"파시즘은 밖에서 오는 것처럼 보이지만, 그 에너지는 우리 각자의 욕망의 핵에서 나온다. 외관상 문제가 없는 상황에서 재앙은 어느 날 갑자기 나타날 수 있다. 욕망과 마찬가지로, 파시즘은 사회적 장 전체에 걸쳐 파편적으로 흩어져 있다. 파시즘은 어디에서든 세력 관계를 작동시키는 형태를 취한다."[14]

욕망의 내재적 흐름과 관련된 퇴행적 현상들 중 하나로 파시즘을 바라보는 입장에서는 파시즘은 논리적으로 미시파시

---

13 들뢰즈와 가타리는 몰적인 고정된 몸체를 뜻하는 유기체에 대비되는 개념으로 분자적인 잠재적 몸체를 뜻하는 탈기관체(기관 없는 몸체)라는 용어를 사용한다.
14 펠릭스 가타리, 『분자혁명』, 1977, 한국어판: 윤수종 옮김, 푸른숲, 1998, 81쪽.

즘일 수밖에 없다. 일상적으로 존재하는 우리 안의 파시즘이다. 파시즘은 내 안에, 우리 안에 일상적으로 내재해 있다.

"일상적 파시즘의 극복이 동시에 시도되지 않는 한, 정치적 파시즘이나 제도적 파시즘의 극복 노력은 벽에 부딪치게 마련이다."[15]

"사람들을 자발적으로 굴종하게 만들어 일상생활의 미세한 국면에까지 지배권을 행사하는 보이지 않는 규율, 교묘하게 정신과 일상을 조작하는 고도화되고 숨겨진 권력 장치로서의 파시즘"[16]

들뢰즈와 가타리에 의하면 전체주의는 국가의 문제이고, 파시즘은 전쟁기계의 문제다. 전쟁기계는 정주적이고 영토적인 국가장치와는 대조적으로 유목적이고 탈주적인 장치 또는 배치를 나타내는 들뢰즈와 가타리의 고유한 용어다. 전체주의 국가는 모든 가능한 탈주선들을 봉쇄하는 반면, 파시즘은 탈주선 위에서 구성되며, 이러한 탈주선들을 순수한 파괴와 소멸의 선으로 변형시킨다.

15 임지현 외, 『우리 안의 파시즘』, 삼인, 2016, 13쪽.
16 앞의 책, 30쪽.

전체주의와 구별되는 미시파시즘에 있어서는 무의식적 욕망이 본원적으로 중요하다. 들뢰즈의 제자로서 『들뢰즈, 유동의 철학』을 쓴 우노 구니이치는 어떠한 사회운동도 이데올로기와 의식에 의해서 실현되는 것이 아니라 욕망에 의해서 실현된다고 본다. 들뢰즈와 가타리도 이렇게 말한다.

"욕망은 절대로 속는 법이 없다. 이해관계는 속거나 오인하거나 배반당할 수 있지만 욕망은 그렇지 않다."

"사람들은 자기 이해관계에 거슬러서 욕망하는 수가 있다."

"확실히 군중들은 그저 수동적으로 권력을 받아들이는 것은 아니다. 나아가 군중들은 이데올로기적 속임수에 기만당하는 것도 아니다."

"우리 모두의 안에 있는, 우리의 머리와 우리의 일상 행동 속에 있는 파시즘, 우리가 권력을 사랑하게 만들고 우리를 지배하고 착취하는 바로 그것까지도 욕망하게 만드는 파시즘"

"욕망은 자신의 소멸을 욕망하거나 소멸할 수 있는 역량을 갖는 자가 되기를 욕망하는 단계까지 가기도 하는 것이다. 돈의 욕망, 군대의 욕망, 경찰과 국가의 욕망, 파시스트-욕망. 파시즘조차도 욕망이다."

"히틀러는 파시스트들을 흥분시켰다."

자발적 예속으로서의 파시즘이다. 요컨대 파시즘은 민주주의와 마찬가지로 내재적 지배 형식이다. 대중의 동의가 필수적이다. 파시즘은 국가장치에 의한 욕망의 억압이 아닌 '자발적 예속'에 의한 지배 형태다. 파시즘은 대중들의 욕망을 동원하고 이용한다.

"억압받고 있는 사람들은 모두 종종 그들의 억압을 바랄 수 있다. 그들이 자신들의 욕망을 지배 기계들 내에서 코드화하기 때문에, 또는 지배 기계들이 그들의 욕망을 생산해 내기 때문에."[17]

참고로 전체주의에 관한 연구로 유명한 한나 아렌트는 미시파시즘적 사유와는 거리가 있다. 그녀는 유기적 조직 원리로서의 관료제가 최악으로 변질된 폭정의 형태를 파시즘으로 본다. 한 개인의 외부세계와 내면세계의 모든 것을 철저히 지배하는 총체적 지배를 통해 테러가 수단이 아니라 그 본질 자체가 테러인 국가를 목표로 하는 것이 파시즘이라고 한다. 결국 전체주의로서의 파시즘은 제도화된 폭력의 결정체이자 근대사회의 모순이 귀결된 종착지라는 것이다. 어떻게 파시즘을

---

17 로널드 보그, 『들뢰즈와 가타리』, 1989, 한국어판: 이정우 옮김, 중원문화, 2012, 173쪽.

규정하든 민주주의의 최대의 적이 파시즘인 것만은 분명하다.

자발적 예속으로서의 파시즘에 대항하는 우리의 과제는 자율적인 윤리적 주체를 완성하는 일이다. 들뢰즈와 가타리가 상정하는 윤리적 주체는 비파시스트적 삶을 지향하는 자유롭고 깨어있는 시민으로서의 주체다. 깨어 있음은 참된 실질적 민주주의의 실현을 통해서 가능하다. 사회적 조건과 형식을 극복하고 참된 욕망의 흐름을 긍정적이고 창조적인 방향으로 이끌 수 있는 임계적 자유를 가진 주체로 가야 한다. 그러기 위해서는 투명한 정보의 공개와 열린 토론, 그리고 개개인의 부단한 성찰이 필수다. 언론과 교육의 민주화가 관건이 될 것이다.

파시즘은 불안정한 사회에서 암세포처럼 은밀히 자라 확산된다. 그러나 정치, 경제, 문화 등 모든 분야에서 실질적으로 민주화가 이루어진 사회가 오랜 기간 불안정한 사회로 유지될 가능성은 크지 않다. 파국으로 가기 전에 자유로운 개인들의 자발적인 토론과 타협으로 사회는 곧바로 복원될 것이다.

무의식적 욕망의 혁명성과 반동성이 영원한 것처럼 민주주의의 실질화는 끝없는 과정이다. 니체가 말한 영원회귀의 과정인 것이다. 비파시스트적 삶, 저항하고 창조하는 윤리적 주체로서의 삶은 우리가 영원히 지향해 나가야 할 지상과제다.

혁명의 역사는
민주주의와
파시즘의 대결의 역사

혁명의 역사는 민주주의와 파시즘의 대결의 역사, 즉 진보적 욕망과 반동적 욕망의 대결의 역사다. 선택지는 명확하다. 민주주의자로 살 것인가, 파시스트로 살 것인가? 자유롭고 평등한 주인으로 살 것인가, 억압받고 차별받는 노예로 살 것인가? 자율적인 시민으로서 살 것인가, 예속된 국민으로서 살 것인가? 깨어 있는 시민으로 살 것인가, 왜곡된 욕망에 휩쓸리는 대중의 일원으로 살 것인가? 진정한 욕망에 기초하여 생산하는 해탈자로 살 것인가, 조작된 욕망에 기초하여 소비하는 향유자로 살 것인가? 비판하고 평가하는 주체로 살 것인가, 순응하고 평가받는 대상으로 살 것인가?

답은 이미 나와 있다. 방향은 이미 정해졌고 남은 문제는 속도다. 진보의 속도에 관해서는 진보 내의 반동을 자체적으로 정화하면서 나아가는 것이 더 빠를 것인가, 아니면 수구적 반동을 거치는 것이 더 빠를 것인가? 극심한 반동이 욕망 전환의 대전제일 수밖에 없는가? 각성, 즉 깨어 있음을 위해서는 더 큰 반동과 파국이 필요한가? 그래야만 깨어 있음의 회복에 따른 욕망의 재배치가 가능한가? 하는 물음들이 제기될 수 있다.

무의식적 욕망의 혁명적 방향으로의 역전이 지극히 어려운 일임을 앞서 말한 바 있다. 반동의 방향을 진보의 방향으로 전환하는 데 가장 최선의 방법을 찾는 것이 우리가 규명해야 할 다음 주제다. 그것을 알기 위해 먼저 본보기가 될 수 있는 구체적으로 실현된 혁명의 역사를 알아보는 것이 필요하다.

민주주의와 파시즘의 대결 속에서 혁명은 진보와 위선, 반동을 반복한다. 혁명은 직진하지 않는다. 온갖 우여곡절을 겪으며 앞으로 나아간다. 그 과정에서 대표집단의 진보를 향한 일관된 태도가 관건이라고 할 수 있다. 역사적으로 볼 때 대표집단에서의 위선과 변절이 혁명의 변곡점을 가져오는 가장 큰 요인임이 입증되고 있다.

현시점의 촛불혁명도 진보 진영이라 일컬어지는 집단에서의 위선이 큰 문제가 되고 있다. 민주주의가 전진하고 후퇴하는 역사 속에서, 근원적으로는 무의식적 욕망이 혁명적 극과 파시즘적 극 사이에서 진동하는 역사 속에서, 선택된 대표집단 내부의 위선이 반동을 초래하는 경우가 다반사다. 민중은 이러한 과정에서 진보적인 주체집단과 반동적인 예속집단으로 양분된다. 요컨대 진보, 위선, 반동의 흐름의 결합에 의한 힘의 방향이 민주주의와 파시즘의 승패를 결정한다. 구체적인 역사는 진보 진영의 위선과 변절, 무능이 대중의 반동화를 초래하고 파국으로 치닫는 많은 사례들을 수없이 보여 준다.

프랑스혁명

'혁명' 하면 가장 먼저 떠오르는 것이 프랑스혁명이다. 프랑스혁명은 몰적인 거시 혁명의 표본이라고 할 수 있다. 프랑스혁명의 배경은 구체제(ancien régime)의 누적된 모순과 함께 부르봉 왕가의 절대왕정 체제의 반동성이 임계점에 다다른 것이다. 이 와중에 반동적인 왕과 귀족에 대항할 수 있는 진보적 부르주아지 계급이 성장했다. 몽테스키외, 볼테르, 루소로 이어지는 계몽사상이 이들의 사상적 기반을 이루었다. 이로써 혁명적 상황과 혁명을 이끌 주체와 정신

3박자가 모두 갖추어졌다.

극심한 재정 파탄을 해결하기 위해 소집된 삼부회를 계기로 하여 진보적인 제3신분 중심으로 국민의회가 수립됐다. 국민의회는 〈인간과 시민의 권리선언(인권선언)〉을 채택했다. 인류의 거대한 진보가 이루어졌다. 이러한 성과는 자코뱅 클럽이 주도했다. 자코뱅 클럽은 자코뱅 수도원을 중심으로 모였던 혁명 지지 클럽이었다.

그러나 대표집단 내에서 즉각 위선적 행태가 드러났다. 자코뱅 클럽에서 입헌군주제 지향의 푀양파가 이탈했다. 다시 온건 공화파인 지롱드파도 클럽에서 탈퇴했다. 결국 급진 공화파인 산악파가 자코뱅 클럽을 대표하게 됐다. 지롱드파는 소토지 균분을 통하여 자본주의 경제의 안정성을 확보하려는 산악파의 농지법을 공산주의 논리라고 비난하고 나섰다.[18]

국민공회의 수립과 함께 프랑스 제1공화국이 수립됐다. 왕당파의 반동에 대응하기 위해 지롱드파와 산악파의 연합이

---

18 노명식, 『프랑스 혁명에서 파리 코뮌까지, 1789~1871』, 책과함께, 2011, 133쪽 참조. 여기서 우리는 진보의 영원한 이상을 엿볼 수 있다. 기본적인 생산수단의 제공에 의한 인간 생활의 안정성 확보가 그것이다. 부르주아지 계급혁명의 성격을 가지는 프랑스혁명에서도 진보의 이상이 관철되고 있었던 것이다. 어떤 이념이든 상관없이 진정한 진보, 진정한 민주주의라면 기본적 생산수단의 확보가 반드시 하나의 지향점이 되어야 한다. 농경사회의 성격이 아직 강했던 초기 자본주의 시대와는 달리 오늘날에는 기본소득이 토지를 대신할 수 있을 것이다.

촛불혁명과 욕망의 해방

불가피했다. 루이 16세를 처형하고 프랑스는 입헌군주제에서 공화정으로 탈바꿈했다. 프랑스 민중을 상징하는 상퀼로트의 봉기로 국민공회에서 지롱드파를 축출했다. 로베스피에르를 필두로 하는 산악파와 평원파의 동맹으로 공안위원회가 설치되고 공포정치가 시작됐다. 부패한 산악파 소속 의원들이 청렴하고 단호했던 로베스피에르를 제거한 테르미도르 반동으로 혁명은 무력화됐다. 테르미도르파는 산악파 내부의 반로베스피에르파와 지롱드파, 평원파와의 제휴 세력이었다.

대의의 실현을 위해서라 할지라도 폭력을 전면에 내세우는 공포정치는 필연적으로 반동을 초래한다. 일정 정도의 과격성과 급진성은 혁명의 필수 요건이나 생명을 무시하는 폭력은 사실적으로나 당위적으로나 민중의 욕망에 부합하기 어렵다. 혁명에 부가되는 불가피한 저항적 폭력을 넘는 것은 혁명의 이상과 정신에 흠을 내고 오염시키는 반동적 테러에 불과하다.

혁명의 와중에 나폴레옹의 부침과 왕정복고가 있었다. 나폴레옹 체제는 진보성과 반동성을 동시에 내포하고 있었다. 나폴레옹의 정복 전쟁은 혁명 정신이 유럽 전역으로 파급되는 데 큰 기여를 한 것이 사실이지만 강력한 권위의 황제 독재체제가 구축되는 것을 피할 수 없었다. 워털루 전투 패배로 나폴레옹이 실각하고, 유럽에는 반동적 빈 체제가 들어섰다. 프랑스는 왕정으로 복귀했다.

왕정복고 후 집권 세력의 반동적 행태에 대한 1830년 7월 혁명으로 개혁적 왕정이 수립됐다. 그러나 이 과정에서 정치 혁명으로 국한하려는 저항파와 더 확대시키려는 운동파의 대립이 있었다.[19] 이는 왕정에 의한 자유주의적 개혁의 한계를 보여 주는 것이었다.

부르주아적인 보수적 7월 왕정에 대항해 1848년 노동자계급과 중소 부르주아지의 연합에 의해 1793년 헌법으로의 복귀를 요구하는 2월혁명이 일어났다. 그 결과 제2공화국이 수립됐다. 그러나 공화파는 총선에서 승리하지 못했다. 프랑스 농민의 보수성이 드러난 선거였다. 설익은 보통선거제의 역효과가 나타났다. 혁명 후의 혼란은 보나파르티즘으로 상징되는 민중의 반동적 욕망을 꾸준히 자극했다. 질서와 안정에 대한 욕구, 그리고 독재와 과거의 영광에 대한 향수가 크게 작용했다. 제2공화국은 오래 버티지 못하고 나폴레옹 3세에 의한 제2제국에 굴복했다.

프랑스혁명의 가장 큰 성격은 부르주아지 혁명이라는 것이

---

19 알베르 소불, 『프랑스 대혁명』, 1984, 한국어판: 양영란 옮김, 두레, 2016, 317쪽 참조.

다. 혁명 과정에서 농민과 노동자와 같은 여러 세력과 계급이 참여했지만, 부르주아지의 자유 확장을 위한 제한적 혁명이라고 보는 것이 가장 설득력이 크다고 할 수 있다. 상퀼로트로 대표되는 민중 세력과의 연합이 진보를 이끄는 데 주효했지만, 혁명 과정에서 그들이 주역이었다고 할 수는 없다.

안토니오 그람시도 자코뱅주의를 혁명을 주도하는 부르주아지와 농민 대다수의 결합이라고 정의한 바 있듯이[20] 부르주아지가 주도한 혁명임은 부정할 수 없다. 따라서 인간해방과 실질적인 민주주의의 확립이라는 기준으로 볼 때는 한계를 가질 수밖에 없는 혁명이었다. 2월혁명과 파리코뮌의 실패가 그것을 증명한다. 그러나 전체적으로 평등사상이 미약했던 영국과 미국의 혁명보다 진보적이었음은 분명하다.

영국과 미국에서는 민중 세력과의 두드러진 연합이나 제휴가 없었다. 특히 소토지 균분을 통하여 자본주의의 근본적 안정성을 확보함으로써 민주주의를 더 공고히 하려 했던 산악파의 시도는 비록 공포정치라는 방법상의 폐해가 있었지만, 프랑스혁명의 진보성을 유감없이 보여 주는 사례다.

근본적으로 프랑스혁명은 근대 몰적 혁명이라는 한계를 가

---

20 앞의 책, 246쪽 참조.

진다. 부르주아지 계급을 위한 권력 장악과 체제의 전복을 목표로 하는 몰적 혁명의 한계다. 따라서 민중의 욕망의 해방이라는 진보의 궁극적 목표와는 괴리를 가질 수밖에 없었다. 민중의 욕망과 괴리된 혁명에서는 대표집단의 위선과 변절은 불가피하다. 대표집단의 위선과 변절은 민중의 욕망마저도 반동으로 전환시키는 힘으로 작동하게 된다. 근대성과 탈근대성은 조화를 이루어야 하듯이 혁명의 완성을 위해서도 근대적인 몰적 성격과 탈근대적인 분자적 성격이 결합되어야 한다.

러시아혁명

러시아혁명은 차르 체제의 모순을 배경으로 한다. 유럽 열강 중 가장 늦게까지 지속된 절대왕정 체제 하에서 피의 일요일 사건과 러일전쟁 패배와 같은 내우외환이 극심한 상황이었다. 이런 가운데 마르크시즘이 확산되고 레닌을 중심으로 하는 볼셰비키 분파가 성장하고 있었다. 사회민주노동당에서 정통 마르크시즘을 주장했던 멘셰비키와 단절하면서 등장한 것이 볼셰비키다. 레닌의 볼셰비즘은 부르주아 혁명을 거치지 않고도 노동계급의 전위대 볼셰비키에 의해 사회주의 혁명이 가능하다는 주장이다.

1917년 2월혁명으로 차르 체제가 종식되고 이중권력 체제가 수립됐다. 자유주의적 임시정부 권력과 대중적 소비에트 권력의 공존이 시작된 것이다. 코르닐로프 우익 쿠데타가 실패하는 등 과도기적 혼란의 기회를 레닌 등 볼셰비키들은 놓치지 않았다. 같은 해, 10월혁명으로 레닌은 이중권력을 종식하기 위한 자신의 4월 테제("모든 권력은 소비에트로!")를 실현했다. 부르주아 혁명을 건너뛴 볼셰비키 사회주의 혁명의 성공이었다.

이후로 볼셰비키 정권 유지를 위한 기나긴 위선의 역사가 시작된다.[21] 적백내전을 거치면서 볼셰비키는 비약적으로 세력을 성장시킬 수 있었다. 자본주의 세계와의 경쟁을 위해 사회주의 경제철학과 배치된 신경제정책(네프)이 실행됐다. 레닌 사후 스탈린의 대숙청을 통한 독재체제가 굳어졌다. 결국 스탈린 독재와 그 이후의 러시아는 혁명적 욕망은 사라지고 위선적 권력과 반동적 민중이 결합된 좌익 파시즘으로 치달았다. 다음은 러시아혁명 100년의 역사를 기록한 올랜도 파

---

21 노엄 촘스키는 10월의 볼셰비키 혁명 자체를 위선으로 본다. 그는 레닌의 집권을 근본적으로는 2월혁명으로 인한 사회주의 혁명의 성과를 철폐하고 국가가 독점하는 자본주의 체제를 형성하는 과정이었다고 평가한다. 『촘스키, 세상의 물음에 답하다』 2권 참조.

이지스의 글이다.

"트로츠키는 《배반당한 혁명》(1936)에서 스탈린의 권력은 거대한 '행정 피라미드'에 의존한다고 썼다. 트로츠키는 그런 피라미드에 관련된 관리들의 수가 500만~600만 명에 이른다고 보았다. 이지배계급이 '새로운 부르주아'였다. 그들의 관심은 가정의 편안함, 물질적 소유물의 습득, '교양 있는' 취미와 예절에 집중되어 있었다. 설령 그들이 공산주의의 이상을 믿었다고 해도, 그들은 가부장제의 관습을 신봉했고, 문화 취향에서 보수적이었으며, 사회적으로 반동적이었다. 그들의 주요 목표는 기존의 소비에트 질서를 수호하는 것이었다. 거기로부터 그들은 자신들의 물질적 복지와 사회적 지위를 얻어냈다."[22]

"많은 이들이 여전히 스탈린을 숭배했다. 그들은 산업화와 독일과의 전쟁에서의 승리 등 스탈린의 통치 아래에서 이루어진 소련의 업적에 대해 자긍심을 가졌다. 그것들은 그들의 인생에 의미를 부여했다. 그들은 이 모든 것에 의심을 던지는 흐루쇼프의 연설(1956년) 때문에 당혹스러워했다."[23]

---

22 올랜도 파이지스, 『혁명의 러시아 1891~1991』, 2014, 한국어판: 조준래 옮김, 어크로스, 2017, 253~254쪽.

23 앞의 책 371쪽.

고르바초프의 개혁은 아이러니하게도 소련이 붕괴되는 결과를 가져왔다. 베를린 장벽이 붕괴되고 소련과 동유럽 위성국들의 1당 독재체제도 몰락했다. 그러나 새로운 러시아는 신자유주의 세계화에 굴복했고 민주화에도 실패했다. 공산주의 이상은 사라지고 푸틴의 독재정권이 등장했다. 구소련의 지배계급(노멘클라투라)이 그대로 새로운 러시아의 부르주아적 지배계급(올리가르히)으로 이어졌다. 한편 민중 사이에는 스탈린에 대한 향수가 여전히 강하게 남아 있다.

　러시아혁명은 어떤 의미가 있는 것일까? 혁명인가 실험인가? 소비에트 사회주의 체제로의 이행은 인간의 자유와 평등을 확장시킨 진보적 혁명인가, 실패한 사회주의 실험에 불과한가? 마르크시즘 기반의 순수한 공산주의 혁명인가, 레닌주의 또는 볼셰비즘 기반의 사회주의 실험인가, 아니면 권력 찬탈 실험인가? 러시아혁명은 근대적 혁명의 한계가 집약적으로 표출된 사건이다. 그것은 일면 마르크시즘의 이상 실현을 위한 혁명의 측면을 가지고 있지만, 마르크스 이론의 유효성을 검증하기 위한 거대한 실험의 측면이 더 강했다고 볼 수 있다.

　분명한 것은 이런 복합적 성격을 가진 러시아혁명이 권력 장악이라는 몰적 혁명의 한계와 함께 근대적 이성의 한계와 폭력성을 증명한 하나의 실험이었다는 것이다. 이성의 힘을 신뢰하면서 프롤레타리아 독재와 계획경제를 혁명의 실천 과정으로 채택한 러시아혁명의 역사는 이성의 힘만으로는 욕망을 통제할 수 없다는 것을 여실히 보여 주었다.

권력을 장악한 좌파 세력도 언제든지 파시즘에 물들 수 있다는 사실을 실험으로 증명했다. 특히 자코뱅의 우익 공포정치의 경우와 마찬가지로 스탈린의 좌익 공포정치도 무엇으로도 정당화가 불가능한 테러일 뿐이다. 앞서 언급했듯이 혁명 과정의 폭력은 대중의 아래로부터의 저항적 폭력만이 정당화가 가능하다. 러시아혁명의 역사는 혁명이 진보와 위선, 그리고 반동의 반복되는 과정이라는 것을 보여 주는 가장 대표적 사례다.

영국과 미국

영국에서는 군주와 귀족의 갈등과 타협에 기초한 장기간의 위로부터의 혁명 전통이 강했다. 일찍이 대헌장의 승인 이래로 청교도혁명과 명예혁명을 거치면서 부르주아적 입헌군주제가 정착했다. 그 후로도 영국은 대중 동원에 의한 아래로부터의 혁명의 역량은 프랑스와 러시아에 비해 미약했다고 볼 수 있다.

이러한 전통은 존 로크의 자유주의 정치철학과 데이비드 흄, 아담 스미스 등의 경험론에 기초한 스코틀랜드 계몽주의가 사상계를 지배한 데 기인한다고 볼 수 있다. 대륙의 합리론적 계몽주의에 비해서 현실적 자유가 강조되고 이상적 평등의 정신은 미약한 편이었다. 인클로저 운동을 통하여 귀족과 부르주아지의 자연스러운 결합이 이루어지기도 했다. 그만큼 영국의 진보 세력은 왕실과 귀족의 기득권 세력과 타협이 용이했고 온건했다.

경험주의적 사유의 흐름과 자연적 환경의 혜택으로 영국은 근대 과학혁명과 산업혁명의 발상지로서 패권국가로 부상할 수 있었다. 자본주의 최선도국으로서 반부르주아지 세력은 대륙의 다른 유럽 국가들보다 미약했다. 게다가 제국주의 패권국으로서 방대한 식민지 개척으로 내부적 모순을 적절히 무마하는 것이 가능했다.

영국은 자본주의 발전의 본산으로서 영국혁명의 과정은 자본주의의 양가성을 명확히 보여 주는 표본이었다. 한정적이고 왜곡된 것일지언정 자유와 평등의 확산이 있었던 반면, 제국주의적이고 위계적인 파시즘의 양상도 유감없이 드러냈다. 재산권의 자유를 핵으로 하는 로크류의 자유주의는 모두의 자유를 의미하는 진정한 자유와는 결이 다른, 본질적으로 위선적인 것이었다.

전체적으로 영국혁명은 위선적 진보와 제국주의적 파시즘이 결합한 흐름의 반복이었다고 평가할 수 있다. 그 결과 현재는 경제적으로도 다른 유럽 국가들에 비해 선진적인 모습을 보여 주지 못하고 있다. 북유럽은 물론이고 독일, 프랑스에 비해서도 작거나 비슷한 1인당 GDP, 많은 노동시간이 지표로서 나타나고 있다. 영국은 진보의 동력이 완전히 상실된 것으로 보인다. 브렉시트 등 반동적 현상이 노골적으로 나타나고 있다.

미국 독립을 이끈 건국의 아버지들은 인류 진보의 역사에 커다란 획을 그었다. 독립선언문은 자유와 평등, 생명권, 행복추구권, 인민주권과 저항권을 명시했다. 1789년 연방 헌법의 제정으로 삼권분립에 기초한 세계 최초의 민주공화국이 수립됐다.

이처럼 미국 독립 과정의 거대한 혁명성과 진보성을 부인할 수 없으나 미국 자유민주주의에 내포된 반자유성을 지적하지 않을 수 없다. 건국의 아버지들이 주창한 자유는 모두의 자유가 아닌 강자의 자유였다. 실상은 재산권 중심의 자유를 중시하는 로크 사상에 기초한 영국 부르주아 이념의 이식일 뿐이었다. 독립 정신은 영국과 프랑스의 계몽주의 사상에 기반하고 있지만 루소류의 평등사상에는 미치지 못하는 한계를 가지고 있었다. 신대륙 이주 시기에 이미 존재했던 뿌리 깊은 청교도적 세계관(퓨리터니즘)은 미국의 진보를 가로막는 더 큰 요인으로 작용했다. 캘빈주의에 기초한 위계적 세계관, 기독교 근본주의에 내포된 선민주의 등이 그러한 사례들이다.

독립 이후 팽창 과정에서 반동성이 여실히 드러났다. 서부 개척은 개척으로 포장된 정복, 즉 폭력과 살육으로 점철된 영토 확장의 과정이었다. 그 결과 세계 유일의 초강대국으로 부상할 수 있었지만, 제국주의적 패권주의와 더불어 오늘날까지 저변의 파시즘적 요소들이 미국 사회의 핵심에 자리 잡고 있다. 창조론이나 지적 설계론과 같은 미국 특유의 종교적 반지성주의가 널리 퍼져 있는 상황이다. 이러한 현상은 분권주의에 따른 공교육의 부실과 밀접히 관련된 것으로 보인다. 미국의 공교육은 다른 선진국의 그것에 비해 형편없는 수준이라고 할 수 있다.[24] 가진 자들의 자유만이 존중되고 평등이 무시된 결과다. 부실한 공교육과 종교관이 결부되어 자기 세계

---

24 수전 제이코비, 『반지성주의 시대』, 2018, 한국어판: 박광호 옮김, 오월의봄, 2020, 2장 참조.

관에 갇혀버리는 확증편향이 심각한 수준이다.

신대륙 개척이라는 특수한 사정에서 시작되어 현대의 신자유주의 명멸의 과정에 이르기까지 강자의 자유, 자진 자의 자유를 옹호하는 위선적 자유주의를 포장하기 위해 평등을 가장한 기호조작들이 여전히 위세를 떨치고 있다. 아메리칸드림, 인종의 용광로, 능력주의 등이 그러한 것들이다. 국가와 사회의 공적 역할을 최소화하고, 우연성과 특수성이 작용할 수밖에 없는 개인의 입지전적 사례를 마치 모든 이에게 평등한 기회가 주어지는 양 과대 포장하고 선전하는 것이다.

오늘날 자본주의의 최전선 미국에서는 독립 당시의 진보적 정신은 사라지고 패권의 추구와 유지를 위한 위선과 반동의 역사가 전개되고 있다. 엄밀히 말하면 "자본주의는 결코 자유로웠던 적이 없다"라고 들뢰즈가 말했듯이 자본주의 선도국 미국의 자유주의는 원래부터 진정한 자유를 추구한 사상이 아니었다고도 할 수 있다.

미국 자본주의의 세계 제패 이유는 진정한 자유주의 선진국이어서라기보다는 구대륙으로부터의 탈주를 지향했던 고급 지식과 창조적 욕망을 갖춘 인력의 유입, 천혜의 자연 자원, 대서양과 태평양 양안에 직면한 동시에 제1·2차 세계대전의 피해를 면할 수 있게 한 지리적 환경 등의 결합에 힘입은 최강의 포획력[25]에 있다고 볼 수 있다. 패권(헤게모니) 장악 이후로는 패권 자체의 힘의 작동이 최고의 경제력을 유지하는 가장 큰 요인이라고 할 수 있다. 경제 자체의 요인보다 달러라는 기축통화와 군사력의 힘으로 경제 패권도 유지되는 것이다. 패권의 유지를 위한 신자유주의적 파시즘이 작동될 수밖에 없었다. 민주주의의 후퇴가 불가피했다.

민주주의가 작동하지 않는 자유시장의 효율성은 기대하기 어렵다. 미국의 생산성은 유럽 선진국보다 약하다는 것이 지표로 나타나고 있다. 미국 독립 이후 전개된 미국식 자본주의 발전은 일관된 진보의 과정이 결코 아니었다. 전형적인 진보와 위선, 반동의 반복 과정이었다. 영국으로부터의 헤게모니 이전 이후로는 하드파워와 소프트파워의 적절한 혼합에 기초한 세련된 신제국주의 형성의 과정이라고밖에 볼 수 없다.

미국은 경제와 군사의 규모로 볼 때는 최강의 국가이지만 최고의 선진국도, 최고의 민주주의 국가도 아니다. 현시점에서 다른 선택지가 없다면 한국의 발전모델은 미국이 아니라 유럽이어야 한다. 미국은 글로벌 스탠더드와는 거리가 멀다.

---

25 들뢰즈 경제학에서는 경제를 '재생산을 위한 가치의 생산과 포획'으로 본다. 자세한 것은 유튜브 채널 〈들뢰즈 경제학 토론클럽〉을 참조할 것.

전체적으로 볼 때 미국은 예외 국가로 보는 것이 적절하다.[26]

미국은 영국과 마찬가지로 진보의 동력을 상실했다. 패권의 유지에만 혈안인 것으로 보인다. 인류 전체는 물론이고 미국 내에서의 자유와 평등의 확산에도 공화당과 민주당 정권을 막론하고 관심이 없는 것으로 보인다. 마침내는 민주주의를 파괴하는 파시즘 국가로서의 면모를 보이기도 한다.[27] 현상의 유지와 중국의 부상을 막는 것에 국가의 모든 역량을 집중하고 있다. 미국에 진보와 민주주의를 기대할 여지가 점차 사라지고 있다.

68혁명

새로운 성격의 혁명이 발생할 상황이 20세기 중반 유럽 사회를 뒤덮고 있었다. 근대의 모순이 집약적으로 표출된 제2차 세계대전 이후 새로운 동서 냉전체제로 거시적인 세계체제가 정리된 상황에서 미시적 차원에서 근대적

---

26 김누리,『우리의 불행은 당연하지 않습니다』 해냄, 2020, 192쪽 참조.
27 『촘스키, 세상의 물음에 답하다』 등 촘스키의 여러 저작과 나오미 클라인의『쇼크 독트린』을 참조할 것.

규율사회의 반동성이 임계점에 도달한 것이다. 그 결과는 68 혁명으로의 폭발이었다.

68혁명을 이끌 주체와 정신이 이미 형성되고 있었다. 그러나 68혁명의 주체를 어떤 고정된 집단이나 세력으로 한정할 수는 없다. 그 이유는 68혁명을 이끈 것은 근대적 의미의 계급이나 전통적 의미의 민중이 아니라 그 정체성이 불확실한 탈근대적 다중(多衆, multiplicity, multitude)이었기 때문이다. 다중은 통치와 미디어의 대상으로서 단일 성질을 가지는 대중(mass)과는 다르다. 다중은 다양한 성질의 주체적 시민들로 구성된 군중(crowd)이라고 할 수 있다. 사르트르, 알튀세르, 푸코, 마르쿠제, 마오, 트로츠키, 체 게바라 등 다양한 사상가와 혁명가들의 이념이 확산되고 있었다. 그러나 기존의 혁명과 달리 단일한 거대 이론의 영향은 크지 않았다. 전통적 지식인의 역할도 미미했다.

전후 세대 내부에서의 자체적인 의식 변화가 주효했다. 대중문화의 발전과 대학 교육의 확대에서 비롯된 자유롭고 젊은 지성의 확산이 크게 작용했다. 특히 대중매체를 통해 베트남전쟁의 참상을 직접 목도하면서 젊은이들은 미국의 제국주의적 행태에 충격과 함께 깊은 도덕적 상처를 입었다. 그들은 소비지향의 물신주의, 포디즘하의 인간 소외, 성적지상주의 등 물질적 풍요가 초래한 의식의 빈곤을 비판했다. 세대 간의 불화가 극심했고, 기성문화에 대한 반감이 팽배했다. 구체적으로 드골 체제의 권위주의와 아데나워 정권하의 청산되지 못한 나치의 잔재가 청년 혁명가들의 공격의 표적이었다. 이런 과정에서 점차 젊은이들은 근대의 모순에 눈을 떴고 비판 정신을 체득하게 됐다.

68혁명은 욕망의 해방 운동이었다. 기존의 혁명과는 차원이 다른 사회운동이라고 할 수 있다. 근대적인 몰적 혁명이 아닌 탈근대적인 분자적 혁명의 성격이 강했다. 구호를 보면 알 수 있다.

'상상력에 권력을(L'imagination au pouvoir)!'

'금지를 금지한다.'

'우리 안에 잠자고 있는 경찰을 없애야 한다.'

한마디로 반파시즘 운동이다. 일상의 비파시스트적 삶을 지향한다. 국가적 차원에서뿐만 아니라 가정, 교육, 문화, 성, 여성, 소수자 등 일상의 모든 영역에서의 해방 운동이다. 개인 각자의 차원, 즉 자아의 차원에서의 해방도 포함된다. 반제국주의에 동참한다. 베트남전쟁을 비롯한 모든 제국주의적 침략에 반대한다. 반관료주의도 중요한 테제 중 하나다. 68정신은 노동자의 경영 참여와 자주 관리, 평의회 민주주의, 코뮌

등 모든 가능성에 열려 있다. 요컨대 모든 형태의 억압으로부터의 해방이 68운동의 핵심 목표다. 자유와 평등을 억압하거나 제약하는 모든 권위주의에 반대한다. 이성재 선생이 68혁명의 반권위주의적 성격을 잘 정리해 주고 있다.

"68운동은 교수와 교사 중심의 권위주의, 여성과 청소년에 대한 가부장적 권위주의, 약소국에 대한 강대국의 권위주의, 자연에 대한 인류 문명의 권위주의, 소수자에 대한 다수자의 권위주의에 대해 적극적으로 비판했으며 이후에도 이런 반권위주의는 계속해서 영향을 주었다. 특히 하나의 운동을 계급 간의 투쟁으로만 보던 기성의 이데올로기적 권위주의도 동시에 비판했다는 점에서 그 의미가 매우 크다. 실제로 68운동은 기존의 '혁명'이라는 말에 숨어 있던 권위까지도 반대했다. 이 때문에 68운동은 어느 한순간 끝나고만 것이 아니라 일상에서 지속적으로 전개될 수 있었다. 이것은 새로운 혁명의 본보기가 되었다."[28]

한편 68운동 중에도 곳곳에서 위선적 행태는 어김없이 나타났다. 공산당과 노동조합은 체제에 영합하는 모습을 보였

---

28 이성재, 『68운동』, 책세상, 2009, 80~81쪽.

다. 좌익 파시즘, 좌파 권위주의는 언제 어디서나 존재한다. 체제의 변화보다는 임금인상과 노동조건 개선으로 만족했던 그르넬 협정이 있었다. 동성애 등 성소수자에 대한 편견은 좌우를 구분하지 않았다. 헤르베르트 마르쿠제의 말대로 "노동자 계급은 이미 자본에 흡수 통합되어 버렸다." 대의제의 위선성이 여지없이 드러났다. 선출직 좌파의 변절들을 보면서 독일 68운동의 참여자였던 루디 두치케는 이렇게 말했다. "나는 의회주의 시스템이 쓸모가 없다고 생각한다."

게다가 '선거는 어리석은 자들을 위한 함정이다.'라는 구호를 증명이라도 하듯이 의회 해산 후 총선에서 드골 지지파가 승리했다. 보통선거의 반동적 효과만 드러난 결과였다. 어린 시위 참여자들은 선거 자격이 없었고 민중들 사이에 사회 안정 욕구가 확산된 결과였다.

68혁명이 권력 장악이라는 측면에서 실패했다고 평가되는 것이 보통이지만 점진적으로 진보적 성과가 나타났다. 녹색당과 같은 탈근대적인 진보적 정당들이 다수 등장했다. 프랑스 선거는 실패였지만 퐁피두 우파 정부의 지지부진한 개혁 이후 68혁명의 후과로 미테랑 사회당 정부가 집권했다. 독일에서는 사민당 중심의 대연정하에서 나치 역사가 청산되고 적극적인 진보적 개혁이 추진되어 통일에까지 이르렀다.

68혁명의 영향력은 프랑스와 독일을 넘어 동쪽으로는 동구 공산권에서의 대소련 저항운동으로, 서쪽으로는 미국의 반전 운동과 히피운동을 거쳐 태평양을 건너 일본의 전학공투회의에까지 이르렀다. 이처럼 68혁명은 1848년 2월혁명을 이어 두 번째로 발생한 세계 혁명으로 평가된다. 그러나 엄밀히 보면 2월혁명은 유럽에 국한된 것인 반면, 진정한 최초의 세계 혁명은 68혁명이라고 할 수 있다.

미시파시즘에 대한 저항의 성격이 강했던 68운동의 이러한 세계적 확산에 대응하여 즉각적인 파시즘 세력의 반격이 있었다. 신자유주의 세계화가 그것이다. 영미 금융자본을 선봉으로 하는 제국주의 세력이 68혁명의 흐름을 제압했다. 위선적 '제3의 길'이 등장한 것도 그것과 궤를 같이한다. 신자유주의에 굴복한 좌파 정당들이 채택한 노선이다. 영국 노동당의 블레어, 프랑스 사회당의 조스팽, 독일 사민당의 슈뢰더가 제3의 길의 대표자들이다.

68혁명은 혁명 방식의 세대적 단절을 의미한다.[29] 이전 세대의 혁명 방식은 몰적이었다. 계급과 같은 집합적 주체가 폭력으로 권력을 장악하는 과정이었다. 반면 새로운 세대의 혁

---

29 앞의 책 87쪽.

명 방식은 분자적 방식이 주를 이룬다. 몰적 계급이 아닌 분자적 다중, 즉 다양체적 주체, 다양한 소수자들에 의한 비폭력 투쟁이라고 할 수 있다. 일상의 혁명으로서 욕망의 해방을 추구한다. 이성재 선생은 68혁명을 전후한 세대적 변화를 이렇게 묘사한다.

> "1968년을 전후해 사회가 노동 착취와 탄압을 통한 이윤 창출보다는 조작으로 유지되는 물질주의적 소비사회로 변모했다. 이제 대중을 관리하는 것은 거대한 조작 체계였으며, 이를 통해 후기 자본주의의 지배 이데올로기는 사회의 모든 영역을 넘어 개인의 내면까지 침투해갔다. 68세대는 자본주의가 가져온 인간 소외를 반대했으며, 부와 소비의 증대라는 이상은 역사 진보와 인간 해방이라는 가치와 양립할 수 없다고 생각했다."[30]

68혁명은 몰적인 권력 장악보다는 탈권위주의와 욕망의 해방을 추구하는 탈근대 분자혁명의 시작을 알렸다. 근대적 의미의 좌우를 초월한 진보 혁명이었다. 권위주의적이고 퇴행적인 좌파 공산당과 우파 드골 체제 모두를 반대했다. 몰적

---

30 앞의 책 84~86쪽.

혁명과 분자적 혁명의 결합이었다. 몰적 측면과 분자적 측면, 양 측면에서의 혁명이 성공해야 욕망의 반동성을 완전히 극복하는 것이 가능하다.

68혁명은 몰적으로는 일시적으로 실패했을지 모르지만, 정치혁명을 넘어서는 문화혁명으로서, 사회 모든 영역에서의 권위주의를 무너뜨리려 했던 사회운동으로서는 매우 성공적이었다고 평가할 수 있다. 68혁명은 그 후의 모든 탈근대 운동의 모범이 되고 있다. 촛불혁명의 완수를 위해서도 68정신의 접목이 반드시 필요하다.

여기서 나는 68정신의 전도사라 할 수 있는 김누리 선생의 저서 두 권을 강력히 추천한다. 『우리의 불행은 당연하지 않습니다』와 『우리에겐 절망할 권리가 없다』가 그것이다. 나에게 또 하나의 개안을 가져온 저작들이다. 다시 말하지만 촛불정신에 반드시 접목되어야 할 것이 68정신이다. 그래야 우리는 근대를 넘어 탈근대로 나아갈 수 있고 문화지체를 극복할 수 있다. 김누리 선생은 그 길을 비추는 이 시대의 스승이다.

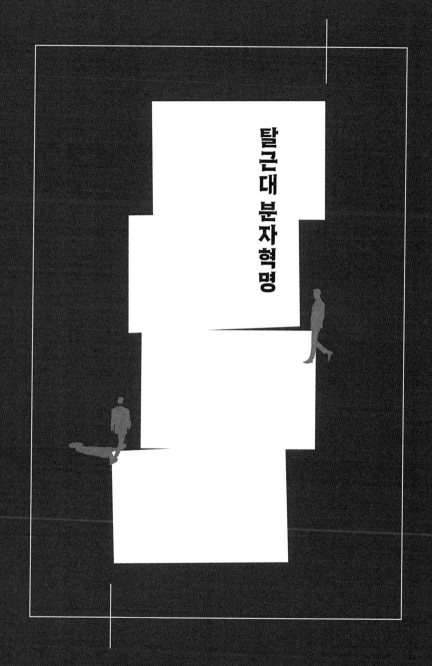

탈근대 분자혁명

근대와 탈근대

　　엄밀히 말하면 근대(modern)와 탈근대(post-modern)는 시간적으로 선후의 관계에 있는 것이 아니다. 탈근대는 후(後)근대가 아니다. 정도의 차이는 있을지언정 근대성(modernity)과 탈근대성(post-modernity)은 어느 시대 어느 장소에서나 있었다. 다만 통상적으로 서양 중세 이후의 시대를 일컫는 근대와 대비하여 탈근대를 근대 내부에서 일어나는 하나의 탈주 현상으로 이해하는 것일 뿐이다. 근대성과 탈근대성은 선후와 무관하게 공존하며 상호 작용해 나가는 두 가지 성향으로 보는 것이 타당하다.

이렇게 볼 때 탈근대를 두 가지 경우로 나누어 규정할 수 있다. 탈근대라는 것은 근대라는 시대와 관련된 좁은 의미로는 건축에서 시작된 미학적 포스트모더니즘 또는 철학적 후기구조주의를 지칭한다. 시대와 무관한 넓은 의미로는 근대적 사유를 극복하고자 하는 모든 사유와 행태를 일컫는다. 탈근대적 사유는 근대적 사유의 진보성을 포용하는 동시에 그것에 내재하는 한계와 반동성의 초월을 지향한다.

　근대는 두 얼굴을 가지고 있다. 원시적 미개함과 전근대적 야만성을 극복한 근대적 이성은 자유와 평등의 신장을 가져왔다. 근대 국민국가를 통하여 공화정이 수립되고 민주주의가 확산되는 진보가 있었음은 틀림없는 사실이다. 그 반면에 근대성은 본질적 한계를 갖고 있다. 근대성에 내포된 플라톤주의(idealism)가 그것이다. 이데아(idea), 모사(copy), 시뮬라크르(simulacre)로 이어지는 서열주의, 위계주의를 함축하고 있는 플라톤주의는 패권주의적 반동으로 연결되는 것이 불가피하다.

　서양 주류 사상을 지배해 온 플라톤이 제시한 이데아라는 개념은 근대 철학의 차원에서는 이성에 의해서만 명석판명하게 드러나는 동일자를 의미한다. 근대적 사유에서는 이성이 파악하기 곤란한 애매하거나 모호한 것들, 동일성을 벗어나 차이 나는 것들은 미개하거나 야만적이거나 열등한 것들로 취급된다. 이처럼 근대적 이성은 본질적으로 이데아를 추구한다.

근대적 사유는 아예 이성 자체를 인식능력에 있어서 이데아로 보는 이성중심주의를 기반으로 한다. 이로부터 이성을 더 많이 분유(分有)하고 이성에 더 접근해 있다고 간주되는 인간, 과학, 서양, 남성, 어른 중심적 사유가 파생된다. 상대적으로 감성, 자연과 동물, 예술, 동양, 여성, 아이는 열등한 지위에 놓이게 된다. 근대적 사유의 시초라고 여겨지는 데카르트로부터 유래하는 기계론적·도구적 이성주의는 필연적으로 이와 같은 위계적 사유를 내포한다.

프랑크푸르트학파의 비판이론, 특히 호르크하이머와 아도르노의 『계몽의 변증법』은 이성의 이러한 도구적 성격을 비판한다. 계몽적 이성이 대상에 대한 주체의 지배 욕구를 충족시키기 위한 도구로 전락했다는 것이다.[31] 더 나아가 이성은 외적 자연을 넘어 이성 이외의 감성이나 욕구 등 자신의 내적 자연을 억압하기에까지 이르렀다. 이러한 흐름은 나치즘과 전

---

31 한국철학사상연구회, 『현대 정치철학의 네 가지 흐름』, 에디투스, 2019, 327쪽 참조.

체주의로 연결되었다.[32] 결과적으로 중세 이후 근대화는 신분제의 타파와 노예해방, 그리고 보통선거와 같은 자유와 평등의 신장을 가져왔지만, 제국주의와 식민지 건설, 세계대전과 같은 거대한 반동과 파국을 초래한 것도 사실이다.

근대를 통하여 과학기술의 눈부신 발전이 있었지만 편협한 과학주의가 나타나기도 했다. 과학, 그중에서도 자연과학을 사유의 으뜸으로 여기는 과학 우월주의 또는 과학 패권주의가 그것이다. 사회진화론이나 경제학의 물리학 추수주의처럼 자연과 인간, 물질과 인간을 구분하지 않고 자연과학을 맹목적으로 준용하거나 모델로 삼는 것도 그 한 예다. 근대 과학의 맹점은 그것이 근본적으로 분석적 환원주의(analytic reductionism)에 기초한 사유라는 것이다. 분석과 나눔을 중시함으로써 유형학적 사유(typological thought)가 발전했고, 환원주의에 기초한 본질론(essentialism)이 사유를 이끌었다. 이런 사유의 경향에 따라 인간의 본질은 이성이라는 이성중심주의도 파생되었던 것이다. 이로써 전문적이고 세밀한 근대 과학의 발전이 가능했고 여타의 분과 학문들의 급속한 발전이 있었다.

---

32 앞의 책 73쪽 참조.

그러나 과학은 사유의 일부일 뿐이다. 도구적 이성을 바탕으로 하는 근대 과학은 분석적 환원주의에 치우친 나머지 종합적이고 전체적인 안목이 부족하다고 할 수 있다. 종합적 전체론(synthetic holism)에 입각한 사유가 탈근대적인 사유이고 철학이 담당하는 사고의 영역이다. 과학의 탈주를 통한 과학과 철학의 조화가 있어야 완전한 사유로 근접할 수 있다. 과학과 철학 모두에서의 탈근대화가 필요하다.

근대적 주체는 자유롭고 평등한 시민으로서의 주체와 국가와 사회에 예속된 주체로서의 양면성을 가진다. 규율사회[33]와 사회적 예속화[34]가 근대적 사회와 주체의 가장 큰 특징을 묘사하는 개념들이다. 근대적 국가는 관료와 상비군, 법제가 정리된 국민국가와 재산권의 자유가 보장된 자본주의적 계급국가의 성격을 가진다. 근대 자본주의국가는 양가성을 가진다. 과학기술의 발전에 따른 문명국가와 사회진화론류의 왜곡된 과학에 기초한 제국주의 국가가 그것이다. 근대적 인간관에 의해 인간 존엄성은 고양되었지만 인간중심적이고 기계론적인 세계관과 자연관에 입각한 자연개발과 그에 따른 생태적

---

33 푸코 또는 들뢰즈와 같은 학자들은 근대사회를 규율사회(disciplinary society)로 규정한다.
34 들뢰즈와 가타리는 근대적 주체를 생산하는 장치를 사회적 예속화(assujetissement social, 영어 social subjection)라고 부른다.

위험은 인간에게도 큰 위협으로 작용하고 있다.

탈근대는 이러한 근대적 이중성을 통찰하고 반성하면서 근대의 부정성을 극복하고자 하는 모든 사유와 행태를 일컫는다. 근대와 탈근대는 조화를 이루어야 한다. 근대의 진보성은 발전적으로 계승하고 퇴행성은 극복되어야 한다. 이성중심주의를 바탕으로 하는 근대적 위계주의와 이로부터 파생되는 인간중심주의, 제국주의 등 모든 파시즘적 요소를 일소해야 한다.

그러나 신중한 탈근대로 가야 한다. 앞서 말했듯이 탈근대는 후근대도 아니고 근대의 포기도 아니다. 근대의 장점과 함께하는 탈근대를 추구해야 한다. "근대 없는 탈근대는 사유를 방황케 하고, 탈근대 없는 근대는 사유를 질식시킨다."(강윤호) 탈근대의 사유를 종합적이고 전체적으로 구현한 것이 들뢰즈의 철학사상과 들뢰즈가 가타리와 만난 후 전개한 그들의 사회사상이다. 그들의 사상을 기초로 하여 혁명을 다시 사유해 본다.

들뢰즈와 가타리의 분자혁명[35]

　　　　　삶의 진보로서의 혁명의 발생 원천을 어디에서 찾을 것인가? 혁명을 어떻게 근거 지을 것인가? 혁명의 몰적 추상화[36]는 몰적 동원에 의한 몰적 권력의 장악을 혁명으로 규정한다. 혁명의 분자적 추상화는 혁명의 분자적 충족이유, 분화소, 잠재적 준원인[37]의 추출을 시도한다. 들뢰즈와 가타리는 모든 혁명의 발생 원천과 인식의 근거를 분자적 욕망에서 찾는다. 혁명의 성패도 몰적 권력의 장악 여부보다는 일상에 있어서의 민주주의와 파시즘의 확산과 축소 여부가 기준이 된다. 들뢰즈와 가타리에게 '혁명은 영원하다', '혁명은

35　들뢰즈와 가타리의 분자혁명의 논리를 정확히 알기 위해서는 그들의 주저인 『안티 오이디푸스』와 『천 개의 고원』을 이해할 필요가 있다. 여기서는 그 논리의 대강만을 소개한다.

36　몰적 추상화(molar abstraction)와 분자적 추상화(molecular abstraction)는 들뢰즈와 가타리의 정리적 개념화(conception théorématique)와 문제적 개념화(conception problématique)라는 용어에서 영감을 받아 저자가 창안한 개념들이다. 간략히 말하면, 몰적 추상화는 근대적이고 과학적인 사유에 대응하는 개념이고, 분자적 추상화는 탈근대적이고 철학적인 사유에 대응하는 개념이다. 자세한 것은 유튜브 채널 〈들뢰즈 경제학 토론클럽〉을 참조할 것.

37　분자적 충족이유(sufficient reason), 분화소(différenciant), 잠재적 준원인(quasi-cause)은 모두 들뢰즈의 '차이 자체'에 해당하는 용어들로서 어떤 대상이나 현상의 잠재적 발생 원천과 인식의 근거를 나타내는 개념들이다. 현실적인 인과관계에서의 몰적 충족이유와 현실적 원인과 대비된다. 들뢰즈의 실재(the real)는 잠재(the virtual)와 현실(the actual)로 구성된다.

과정이다', '모든 혁명은 실패하지 않았다.' 영원한 과정으로서의 혁명에 있어 관건이 되는 것은 생산적인 무의식적 욕망의 혁명적 종합과 사용이다.

들뢰즈와 가타리의 분자혁명(Molecular Revolution)의 핵심 주장은 삶의 진보의 원천과 근거는 참된 욕망의 정립에서 찾아야 한다는 것이다. 욕망의 배치의 끊임없는 변환과 창조가 분자혁명의 과정이다. 다시 말하면 절대적 탈영토화로 가는 것이다. 가령 기표화와 (예속)주체화와 같은 충화되고 영토화된 세계에서 새로운 기호체제로의 변형과 창조를 끊임없이 모색하는 것이 절대적 탈영토화의 하나의 사례가 된다. 재영토화로 만족하는 상대적 탈영토화가 아니라 니체적인 영원회귀로서의 탈영토화가 절대적 탈영토화다. 예속된 주체로부터의 긍정적 탈영토화를 끊임없이 시도하는 것이다. 반동적 극에서 혁명적 극으로 무의식적 욕망의 전환을 끊임없이 시도하는 것이다.

분자혁명은 미시혁명(micro-revolution)이다. 미시파시즘을 일소하는 것이다. 내 안의 파시즘을 내 안의 혁명과 민주주의로, 일상의 파시즘을 일상의 혁명과 일상의 민주주의로 탈바꿈시키는 것이다. 분자혁명은 나와 일상으로부터 시작되는 것이다. 몰적인 혁명처럼 비상적 상황에서 거대한 세력에 의해 추동되는 것이 아니다. 분자혁명은 욕망혁명으로서, 자아혁명으로부터 시작되는 것이다. 각자의 참된 욕망의 정립은 올바른 자아의 확립과 표리의 관계에 있다.

자아혁명으로서의 분자혁명은 욕망의 배치의 변환으로서, 왜곡된 욕망을 참된 욕망으로 전환시키는 일이다. 현대의 욕망은 자본의 욕망, 자본주의에 순응하는 욕망으로서 억압적인 자본주의적 기호체제에 동화된 힘으로서의 특성이 강하다. 자본주의 사회체는 끊임없이 결핍된 욕망을 유발함으로써 체제에 순응하도록 자아를 억압하고 가치를 왜곡한다.

"욕망이 결핍과 용접되면, 바로 이것이 욕망에 집단적·개인적 목표들 내지 의도들을 주며, 그 대신에 목표와 의도를 잃고 분자적 현상으로 처신하는, 욕망적 생산의 실재적 질서 속에서 파악된 참된 욕망은 사라진다"고 들뢰즈와 가타리는 말한다. 국가가 요구하는 경제성장, 조직이 요구하는 목표 달성, 부모가 요구하는 장래 직업 같은 것들이 우리의 정신에 내면화되고 삶을 왜곡된 방향으로 유도함으로써 자아는 예속된 주체로 성장하게 된다.

참된 욕망을 정립하는 길은 평등한 자유의 실현을 위하여 욕망의 배치를 부단히 변환시키고 새로운 배치를 창조하는 것이다. 정도의 차이는 있더라도 이는 모두가 우리 삶의 해방이며 하나의 혁명이다. 들뢰즈와 가타리는 욕망에서 혁명을 발견했다. 욕망의 해방이 혁명이다. 참된 욕망의 정립이 곧 욕망의 해방이자 혁명이다.

"어떤 사회도 참된 욕망의 정립이 허용되면 그 사회의 착취, 예속 및 위계구조들은 반드시 위태로워진다."

서동욱 선생에 의하면 "참된 욕망의 정립은 상징계적 매개를 거치지 않은, 실재와 욕망의 직접적 연결"[38]이다. 그러므로 애초에 욕망은 법이나 규율로 대표되는 상징계에 대하여 혁명적이다. 참된 욕망의 조건이 갖춰지면 생산으로서의 욕망이라는 욕망하는 기계의 본성에 위배되는 상징적 구조로서의 모든 권력장치들은 필연적으로 붕괴될 수밖에 없다. 결국 참된 욕망이라는 것은 기존의 사회구조와 문명사회가 강요하는 바를 거부하고 언어로 또는 다른 상징으로 표현할 수 없는 잉여로서의 자신의 잠재적 역량을 찾고자 하는 의지를 가리킨다.

가타리는 혁명이란 모든 소외관계를 끝장내는 것과 관련된다고 말한다.[39] 혁명은 자기 자신의 삶을 스스로 개척하고, 자신과 다른 신체나 사물들과의 관계를 지배종속 관계가 아닌

---

38 서동욱, 『들뢰즈의 철학』, 민음사, 2002, 203쪽.
39 『분자혁명』 201쪽 참조.

수평적인 관계로 회복해 가는 과정이다. 이를 위해 들뢰즈와 가타리가 제시하는 핵심적 실천 방안이 소수자-되기[40], 소수자정치를 통한 실질적 민주주의의 확립이다. 소수자-되기는 무한한 연속적 변이, 생산 역량의 끊임없는 창조적 운동을 유발하는 절대적 탈영토화와 같은 말이다. 소수자-되기는 연속적인 탈주다. 탈주는 다수자로부터의 도망이 아니다. 다수자에 구멍을 내어 그 안에서 새로운 창조를 이루는 일이다. 파괴와 창조의 연속인 것이다. 다만 이 과정에서 매 경우 매 순간 파시즘과 같은 암적인 몸체나 소멸의 판으로 퇴행하지 않기 위한 성찰과 신중함의 기예가 요구될 뿐이다.

요컨대 들뢰즈와 가타리가 말하는 혁명이란 소수자-되기라는 분자적인 영구 혁명이다. 국가권력 장악과 같은 거시적이고 몰적인 혁명은 한계가 있다. 국가권력을 장악한 집단이 스스로 자신을 폐쇄하고 예속과 위선의 방향으로 자신의 욕망

---

40 "들뢰즈/가타리에게 소수자와 다수자는 어떤 집합체에 붙는 양적 술어가 아니라 어떤 다양체에 붙는 질적 술어다. 따라서 소수자가 다수자보다 수적이나 양적으로 소수인 것은 아니다. 핵심적인 것은 소수자는 반드시 소수자-되기를 지향하지만 다수자는 다수자-이기를 지향한다는 사실이다. 소수자-이기는 단지 다수자-이기의 대립항일 뿐이다. 소수자가 어떤 윤리적, 정치적 의미를 담지하는 것은 곧 그것이 소수자-되기일 때뿐이다. 그것은 순응의 길을 박차고 새로운 길을 찾아 나서'고 있는' 소수자이다. 소수자들은 반드시 고착화의 길을 벗어나 연속적 변이, 연속적 변주를 실천해 감으로써만 소수자-되기로서 존재할 수 있다." (이정우, 『천하나의 고원』, 돌베개, 2008, 226쪽.)

을 전환하는 일이 비일비재하다. 어떤 혁명이라도 자신의 주체집단들에 등을 돌리고, 이 집단들을 숙청하려는 유혹에 휩쓸릴 수 있다는 것이 들뢰즈와 가타리의 생각이다.

몰적 수준에서의 저항도 필요하다. 그러나 우선적으로는 무의식적 수준에서의 지속적인 혁명, 욕망적 생산의 과정으로서의 분열증화, 과정의 절대적 탈영토화를 지향해야 한다. 이러한 것이 제외된 저항과 혁명은 잠시 동안의 성공은 가능할지 몰라도 반동과 퇴행이 불가피하다. 몰적인 국가권력 장악이라는 일회성의 대체 권력으로의 교체가 아니라 권력의 새로운 작동 방식을 창출하는 것이 우리의 목표가 되어야 한다.

권력의 새로운 작동 방식의 창출은 각 주체의 역량들의 새로운 관계를 설정하는 일과 같다. 이는 실질적 민주주의를 확립하여 도처에 편재하는 권력에 대한 민주적 통제 체제를 구축함으로써 참된 욕망의 정립을 가능하게 하는 것, 각자의 역량을 증대시키고 또한 주어진 역량의 실현을 극대화하는 것이다.

니체의 초인이 떠오른다. 니체가 말하는 초인은 욕망을 억압하는 사회적 조건과 형식에 구애받지 않는 자를 말한다. 욕망의 순응성을 극복하고 자신의 역량을 증대시키고 또한 주어진 역량의 실현을 극대화하는 자가 초인이다. 참된 욕망을 정립한 자라면, 바로 그가 초인인 것이다. 니체가 말한 운명

애(amor fati)를 실천하는 자가 되자. 운명을 긍정하고 사랑하고 극복하라!

나는 촛불혁명의 완성은 들뢰즈와 가타리의 분자혁명의 길을 가는 것이라고 생각한다. 한 번의 탄핵으로, 한 번의 정권 교체로 끝날 수 있는 일이 아니다. 잠재해 있던 반동과 파시즘의 욕망이 언제든 솟아오를 수 있다. 68혁명이 탈근대 분자혁명의 전범을 제시했다. 우리는 68혁명의 과정을 교훈 삼아 지금은 주춤하고 있는 촛불의 열기를 계속 이어가야 할 것이다.

이러한 지속적인 과정으로서의 탈근대적인 분자혁명이 단속적으로 이루어지는 근대적인 몰적 혁명과 결합되어야 우리의 혁명이 완전해질 수 있다. 영원한 과정으로서의 일상의 혁명이 우리의 목표가 되어야 한다. 과정의 완성은 과정을 끝내는 것이 아니라 과정을 영원히 진행하는 것이다. 이것이 끝이 없는 민주주의의 확립 과정이다. 곧 평등한 자유(에갈리베르떼, égaliberté)의 실현 과정이다. 모든 개별자들이 평등한 자유를 누리면 그들이 모두 주인이다. 이것이 실현되어야 민주주의 사회다. 민주주의하에서만 그 사회의 구성원들은 자신의 인생을 스스로 개척하여 자신의 참다운 욕망을 실현할 수 있다. 우리가 추구하는 것은 시작도 끝도 없는 영원회귀로서의 분자혁명이다.

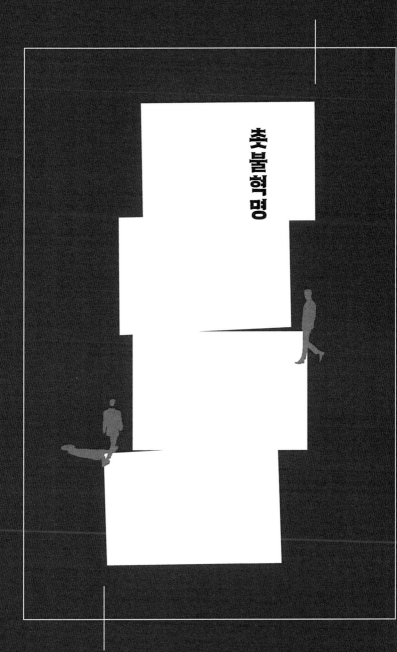

촛불혁명

한국의 숙명

　　　　　　한국은 유구한 진보의 역사를 자랑한다. 근대화에는 뒤처졌지만, 전제군주를 중심으로 하는 전통적 신분제하에서도 자유와 평등을 향한 끈질긴 저항의 정신을 이어왔다. 사실 한국을 포함한 동아시아가 과학적 이성을 중심으로 하는 근대화는 서구보다 늦었을지라도 탈근대적인 사조의 흐름에 있어서는 오히려 앞서 있었다고 할 수 있다. 앞서 보았듯이 탈근대성이 꼭 근대성 이후에만 부각될 수 있는 것은 아니다. 탈근대적 진보의 잠재력은 동양이 서양보다 부족하지 않다고 단언할 수 있다.

서구가 근대화를 먼저 이룰 수 있었던 것은 사유의 근본적 경향에 따른 필연이었다. 근대적 사유가 주를 이루었던 서양에서 먼저 근대화를 이룬 것은 당연한 결과다. 따라서 왜 서양에서 근대화가 빨랐는가? 하는 질문은 동어반복에 불과하다. 앞서 말한 바와 같이 근대적 사유는 본질주의와 유형학적 사고에서 유래하는 분석적·환원적 과학주의, 이성과 인간중심주의에 기반을 두고 있다. 이를 바탕으로 서구는 근대화와 자본주의 체제를 먼저 확립할 수 있었다.

반면 동양적 사유는 자연에 대해 순응하고 경외심을 갖는 자연 친화적 사고이며, 종합적이고 전체적인 관점하의 탈근대적 사고이며, 현대에 유행하는 복잡계적 사고와 통한다고 할 수 있다. 우리는 의학이나 종교에서 이러한 구별의 뚜렷한 예를 볼 수 있다. 분석적인 서양의학과 종합적인 동양의학, 환원적인 유일신 사상을 기초로 하는 서양종교와 복잡하고 다원적인 유교, 불교, 도교 등의 동양종교가 그렇다.

막스 베버가 말했듯이 칼뱅의 예정설에 바탕을 둔 개신교 사상이 근대화에 중요한 역할을 했다. 부의 추구를 합리화함으로써 근대 자본주의의 발전을 촉진했다. 반면, 부의 추구와 거리를 두었던 유불도의 전통은 자본주의에 걸림돌로 작용한 측면이 있다. 동아시아 경제성장에서 중요한 역할을 한 것으로 일반적으로 인정되는 유교는 선도적 창조 요인이 아니라 후행적 추급(catch-up) 요인으로 보는 것이 타당하다.

시간과 공간, 사유와 물적 토대의 우연한 만남으로 역사는 이루어진다. 물질적 생산력을 바탕으로 자본주의를 서양이 주도했던 것은 서양 근대의 사유가 동양의 사유보다 더 뛰어나거나 서양인이 동양인보다 더 우월해서가 아니라 수많은 우연들이 결합된 필연적 결과일 뿐이다. 근대화가 서양이 빨랐다고 해서 서양이 반드시 동양보다 더 진보적이라고 단정할 수는 없다. 앞서 보았듯이 근대적 사유의 모태가 된 서양 주류 사유에는 태생적 반동성이 자리하고 있다. 그 사유는 과학혁명과 산업혁명으로 이어지고 자본주의적 생산력의 증대를 가져왔지만, 그 내부에는 중심주의, 위계주의, 제국주의, 파시즘을 잉태하고 있는 것이다.

이것이 서양 근대적 사고의 태생적 한계다. 플라톤과 아리스토텔레스에서 시작된 본질주의와 유형학적 사고는 다의적 존재론에 기초하는 위계적 사고다. 그것은 근대의 위선적인 모든 중심주의와 결합하여 오히려 인간의 자유를 억압하고 차별을 부추기는 파시즘을 낳기에 이르렀다.

진보는 과학기술의 발전이나 생산력의 증대가 아니다. 진보는 인간의 해방, 즉 자유와 평등의 확산이다. 근대에 내포된 야만성과 침략성은 탈근대로 극복되어야 한다. 서양 근대적 사유의 편협성은 모든 중심주의의 타파를 지향하는 탈근대적 사유의 포용성으로 극복되어야 한다. 발산과 탈중심, 즉 탈주와 포용의 사유로서의 탈근대적 철학이 과학 발전과 연계됨으로써 우리는 새로운 진보의 사유를 발전시킬 수 있을 것이다. 그러기 위해서는 근대적 서양사상과 탈근대적 동양사상의 융합이 필요하다.

한국이 이 과정에서 선도적 역할을 할 수 있다는 것이 나의 생각이다. 시간과 공간, 사유와 물적 토대의 우연한 만남이 지금 한반도를 중심으로 하는 동북아에서 일어나고 있다. 대륙 세력과 해양 세력이 교차하는 한반도에서 잠재되어 있던 탈근대적 사유가 근대적 산업화와 결합함으로써 최고의 생산력을 가진 가장 진보적인 문명의 발생이라는 세계사적 사건이 벌어지고 있는 것이다.

나는 민족주의자도 국가주의자도 아니다. 한국의 특별함과 우월함을 인정할 근거는 어디에도 없다고 본다. 다만 지금은 한국과 한국인의 역사적, 지리적, 기질적 독특함을 말하고 있는 것일 뿐이다. 근대를 성찰하고 반성하는 탈근대 사조가 융성하고 신자유주의의 기운이 사그라들고 있는 지금이 카이로스의 시간이라고 할 수 있다.

잠재적으로 응축되어 있던 한국인의 탈근대적 사유와 기질이 물질적 생산력과 만남으로써 현실적으로 그 힘이 발휘될 시간이 왔다. 한국인의 기질은 한편으로는 전근대성이 강하기도 하지만 다른 한편 누구보다도 탈주의 습성과 유목적 기질이 강하다고 할 수 있다. 이것도 대륙과 해양이 겹치는 지리적 특성과 무관하지는 않을 것이다. 우연과 필연이 겹치면 그것은 곧 숙명이라고 할 수 있다. 한국이 지금 그 숙명을 짊어지고 있는 형국이다.

작금에 진행되고 있는 모든 힘과 욕망의 흐름이 그것을 증명하고 있다. 그 흐름을 실현하는 것이 나는 촛불혁명의 과제라고 생각한다. 현재 한국에서의 갈등과 모순, 정치적 혼란과 경제적 양극화와 같은 모든 상황이 한국의 숙명이 실현되는 과정에서의 진통들이라고 생각한다. 나는 결국 촛불혁명이 이러한 진통들을 극복하고 새로운 비전을 세계에 제시할 수 있을 것이라고 낙관한다. 엄밀히 말하면 촛불혁명 자체가 한국의 숙명이 진행되는 과정에서의 불가피한 필연이라고 할 수 있을 것이다. 모든 긍정적 힘의 흐름이 한반도를 중심으로 수렴하고 있으며 한국의 다중은 그 힘들을 혁명적 방향으로 이끌어 갈 수 있는 물질적, 정신적 역량을 보유하고 있다고 보기 때문이다.

촛불혁명은 면면히 이어 내려온 한국 민주주의 사상의 발현이라고 할 수 있다. 동아시아 안에서도 한국이 유독 민주적·비파시스트적 사상의 진동이 강하나. 중화사상에 물들어 있는 중국, 천황제하의 위계적 신분제의 전통을 아직도 무의식적으로 가지고 있는 일본은 탈근대적 진보 사상을 이끌기에는 역부족이다. 중국은 공산당 1당 독재하에서 근대적 산업화에는 눈을 떠 미국과 패권을 다투는 단계까지는 이르렀지만, 탈근대적 선진 민주주의 국가에 이르기까지는 아직 요원한 상태다. 일본은 아시아에서 근대화에는 가장 앞섰지만, 군국주의 파시즘의 악몽을 겪고서도 비슷한 경험을 가진 독일과는 달리 근대화의 부정적 이면에서 벗어나 탈근대로 진입하지 못하고 있다.

한국은 독재를 청산하는 과정에서 민중의 저항 정신과 평등의 정신이 강하게 성장해 왔다. 더 깊게 계보를 파고들어가 보면 단군의 홍익사상으로부터 이어져 오는 유구한 민본의 전통을 바탕으로 궁극적으로 인내천의 동학사상으로 귀결된 것이 한국의 자유와 평등의 정신이다. 동학사상은 유불도의 탈근대 사상과 서양의 근대 사상을 접목한 한국 민주 정신의 결정체라고 할 수 있다.

한국은 전통적인 전제군주 국가에서 식민지로 전락했지만,

근대화와 민주화를 성공적으로 달성하여 서구와 일본의 경제력 수준에 도달한 거의 유일한 국가다. 해방 이후 한국 현대사에 이르는 이러한 과정은 진보 역사의 산 증거이자 표본이다. 이런 점에서 한국은 제국주의의 전과를 거치지 않은 도덕적 우위를 바탕으로 근대와 탈근대를 융합하여 진보를 이끌 수 있는 자격과 능력이 충분한 국가라고 할 수 있다.

그러나 촛불혁명 이전 한국의 역사는 진보와 반동이 반복된 굴곡진 역사였다. 민주공화국이 수립되었지만, 그것은 분단과 전쟁을 겪은 냉전체제의 최전선이라는 태생적 질곡을 지닌 기형적 공화국이었다. 그럼에도 불구하고 4·19로 이승만 독재가 종식되고, 10·26으로 박정희 군사독재 정권이 붕괴되었다. 그 후 6·10 항쟁으로 신군부 세력을 굴복시키고 마침내 대통령 직선제를 골자로 하는 현재의 헌법 체제가 수립됐다. 이러한 성과에도 불구하고 독재를 타도한 세력은 정치혁명 이상의 비전을 제시하지 못하고 기득권화되어 수구 세력과 권력을 분점하고 있는 것이 현 상황이다.

이러한 정치 지형에 신자유주의 세계화의 기호조작에 포섭된 민중들의 반동화가 결합되면서 '헬조선'이라고 불리는 현재의 한국형 구체제가 형성됐다. 이러한 상황에서 한국의 숙명은 아직도 유효한 것인가? 아니면 거센 반동의 폭주 속에서 그 숙명이란 것은 한낱 허망함에 불과한 것인가? 불가피한 숙명이라 할지라도 자유의지를 긍정하는 한 인간의 의지가 작용할 여지는 없을 수 없다. 거센 외풍에도 촛불을 꺼뜨리지 않고 그 숙명의 실현을 최대한 풍요롭게 만드는 것은 모두 결국은 한국 민중의 의지에 달려있다고 할 수 있다.

한국형 구체제, 헬조선

프랑스혁명을 야기한 역사적 상황을 구체제라고 부르듯이 작금의 한국의 상황은 혁명 전야의 한국형 구체제라고 할 수 있다. 한국형 구체제는 '헬조선'이라는 말이 딱 들어맞을 정도로 가히 지옥과 같은 야만성과 후진성을 표출하고 있다. 신자유주의 이후로는 그러한 경향이 더욱더 극단으로 치닫고 있다.

한반도는 지금 극과 극이 마주치고 있는 땅이다. 한국은 민주주의와 경제성장을 단시간에 동시에 이룩한 기적적인 나라로 칭송받고 있다. 그러나 그것은 위선적인 절반의 민주화였고, 겉으로는 번지르르하지만, 속으로는 천박하기 이를 데 없는 기형적 성장이었다. 최고의 천박한 자본주의와 최고의 타락한 사회주의가 남북으로 부딪치는 동시에 동아시아 전체 차원에서는 파시스트 세력과 민주주의 세력이 첨예하게 대립하고 있는 형국이다. 이러한 형국이 앞서 말한 한국의 숙명을 실현하도록 간절히 요구하고 있다.

엄밀히 말하면 한국 사회는 민주주의 사회라고 할 수가 없다. 4·19, 5·18, 6·10으로 이어지는 폭적인 정치혁명은 정치의 민주화를 형식적으로는 어느 정도 이루었으나 경제 민주화, 사회 민주화, 문화 민주화는 아직도 요원하다. 1987년 이래의 현행 헌법 체제는 소위 수구와 보수 세력이 타협한 산물이라고밖에 볼 수 없다. 대통령 직선제라는 형식적 전리품 외에 실질적인 진보는 거의 없었다. 소선거구제를 바탕으로 하는 승자독식의 선거제는 민의를 제대로 반영하는 데 실패했고, 결국 신자유주의와 결합된 대표집단은 위선과 반동의 길을 걷게 되었다.

한국은 미국, 일본, 독일, 영국, 프랑스, 이탈리아에 이어 5천만 이상의 인구를 보유하면서 3만 불 이상의 1인당 소득을 달성한, 소위 30-50 클럽에 가입한 일곱 번째 국가이지만 다른 경제, 사회, 문화 지표들은 세계 최고 수준의 후진성을 보여 주고 있다. 최고의 자살률과 최저의 출산율이 한국 사회의 민낯을 여실히 보여 준다. 그 밖에도 수많은 현상과 지표들이 '헬조선'으로서의 한국을 웅변해 주고 있다.

한국 경제는 효율과 형평이 아니라 착취와 희생 위에 세워진 불평등의 표본이다. 토지를 비롯한 자산 불평등은 세계 최고이고 소득의 불평등도 최고 수준이다. 최장의 노동시간을 자랑하며, 산재 사망률도 세계 최고다. 학습 시간은 가장 길며 아동 우울증도 세계 최고 수준이다. 정규직과 비정규직 사이, 남녀 사이의 임금격차도 OECD 최고 수준이다. 이러한 극도의 불평등과 후진성하에서 30-50 클럽에 들어갔다는 사실은 이 땅의 일하는 자들이 얼마나 고단하고 처참한 상황에 처해 있는지를 반영하는 것이다. 한국 경제의 생산력과 생산성은 효율과 형평이 아니라 착취와 희생에 기초하고 있음을 증명하는 것이다.

K-pop을 비롯한 문화 한류가 위세를 떨치고 있지만 그 이면을 보면 문화적 후진성 또한 감출 수 없다. 한글이라는 뛰어난 문자를 가진 덕분으로 최저의 문맹률을 자랑하면서도 낮은 독서 수준을 보여 주는 OECD 최고 수준의 실질 문맹률이 단적인 증거다. 경제의 양극화에 문화의 양극화가 더해진 사회 전체의 극심한 양극화가 한국의 현 상황을 규정한다. 세계 최고의 역동성을 자랑하는 한국은 탈근대와 진보의 잠재력도 크지만, 전근대와 수구 세력의 힘이 그것을 능가하고 있

다는 것을 현 상황은 뚜렷이 보여 주고 있다.

이처럼 '헬조선'으로 드러나고 있는 한국 구체제의 뿌리는 우리의 의식과 무의식을 지배하고 있는 근현대사의 트라우마라고 할 수 있다. 식민지를 통한 타율적 근대화는 우리 안의 부정적 전통을 일소하고 근대의 긍정성을 구현하는 데 실패했다. 식민지 근대화는 일제의 군국주의적, 패권주의적 이해관계를 실현하기 위한 기형적 근대화였다. 타율적 근대화에 더하여 식민지로부터의 해방의 과정도 외세에 의해 타율적으로 진행됨으로써 신생 공화국 한국의 발전은 처음부터 민주주의와는 괴리된 길을 걸을 수밖에 없었다.

식민지 잔재의 청산은 좌절됐고 분단과 전쟁 그리고 군사독재체제를 거치면서 전근대성과 근대성의 부정적 측면이 한국 사회에 뿌리를 깊게 내렸다. 그 결과가 군사문화가 지배하는 병영사회로서의 한국 사회다. 지금은 독재체제가 끝났지만, 병영사회의 징후는 우리 안의 파시즘으로서 그대로 남아 있다. 근대화는 부국강병과 동일시되었으며 집단주의와 경쟁주의, 그리고 권위주의가 장악한 한국은 결국 미국 추종적 천박한 자본주의가 무비판적으로 이식된 최악의 불평등 국가로 전락했다.

한마디로 한국 사회는 민주주의와는 거리가 먼 피로 사회이자 우울 사회다. 무한 경쟁과 승자독식이 지배하는 최악의 천민자본주의 사회다. 압축성장이라는 그럴듯한 포장으로 덮인 천박한 콘텐츠의 사회다. 성형은 세계 1위이지만 내면은 병들고 피폐한 사회다. 이제 새로운 차원의 혁명이 필요하다. '헬조선'을 구제하고 민주주의를 제대로 실현하기 위해서는 새로운 사상과 정신으로 무장된 혁명의 촛불을 들어야 한다.

혁명의 촛불

　　　　이제 혁명의 촛불을 들어야 한다. 횃불이 아니라 촛불이다. 횃불의 시대는 지났다. 이제는 촛불의 시대다.

촛불은 횃불과 대비되어 두 가지를 상징한다. 하나는 평화다. 횃불로 상징되는 폭력성과 피 흘림은 이제 사라져야 한다. 폭력적 수단에 의한 혁명이 가능할 수도 있지만 그것은 영원할 수 없다.

프랑스혁명과 러시아혁명에서의 공포정치의 실패가 그것을 보여 주고 있다. 폭력은 위선과 반동을 부를 뿐이다. 비폭력적 혁명, 평화적 혁명이라는 말이 형용모순이라고 생각하는 사람도 있을 것이다. 그러나 우리는 앞서 혁명을 일상의 민주주의, 일상의 삶의 진보를 포함하는 것으로 규정했듯이 얼마든지 비폭력적이고 피 흘리지 않는 혁명이 가능하다. 설사 혁명의 성공이 지연될지라도 촛불은 비폭력과 평화를 추구한다.

평화적 성격과 무관하지 않은 다른 하나는 미시성이다. 횃불이 눈에 보이는 표상적인 몰적 성격을 가진다면 촛불은 미세하고 무의식적인 분자적 성격을 가진다고 할 수 있다. 촛불은 욕망과 정동41의 표현이다. 권력의 장악을 위한 횃불이 아니라 가정, 학교, 직장, 그리고 내 안에서 타오르는 생산적 욕망으로서의 촛불이다. 이처럼 촛불은 내 안에도 있고 우리가 사는 어디에나 있다. 들뢰즈와 가타리는 "분자적인 것이 세부적인 것 속에서 작용하고 소규모 집단을 경유하는 것이 사실이라 하더라도, 그것은 몰적 조직 못지않게 사회장 전체에 걸쳐 있다"고 말한다. 광장에서의 몰적이고 거시적인 촛불의 흐름과 도처에서 흐르는 분자적이고 미시적인 촛불들의 흐름이 결합되면 거대한 횃불보다 더 큰 힘을 발휘할 수 있다.

---

41 들뢰즈와 가타리의 정동(情動, affect)은 다른 몸체들과 상호작용이 이루어지는 가운데, 상호 간에 어떤 변용이나 촉발을 일으키고, 그 결과 하나의 몸체 안에서 역량의 증가 혹은 감소, 몸체의 한 상태에서 다른 상태로의 이행이 나타나는 것으로 정의될 수 있다.

탈근대적인 분자적 영구 혁명으로서 혁명을 규정하는 관점에서 볼 때 촛불혁명은 하나의 사건을 지칭하는 것이 아니다. 한국의 구체체를 새로운 체제로 바꾸겠다는 진보적 욕망이 표출된 일련의 과정이 촛불혁명이다. 촛불혁명은 이전에도 있었고 앞으로도 영원히 이어질 것이다. 광장에서, 일상에서, 몰적으로, 분자적으로, 촛불은 영원히 타오를 것이다.

촛불이라는 명칭은 단지 하나의 사건을 지칭하기 위해서가 아니라 비폭력 평화의 상징으로 차용된 것이다. 우리는 단지 하나의 전환점이 되었던 2016년 겨울 일련의 촛불 집회를 한국의 촛불혁명을 대변하는 사건으로 취급할 뿐이다. 동원된 인적 규모 면에서 지금까지는 가장 컸으며, 참여했던 시민들의 정체성을 탈근대적 다중이라고 칭하기에 손색이 없었기 때문이다. 촛불혁명이 이전의 혁명과 가장 크게 다른 점은 그 탈근대적 성격이다. 다시 말하면 근대적인 몰적 성격과 탈근대적인 분자적 성격이 조화를 이룬 비폭력 무혈 혁명이라는 점이다.

2002년 미군 장갑차에 의한 여중생 희생, 2004년 노무현 대통령 탄핵 소추, 2008년 광우병 파동 등에 대응하여 여러 차례의 촛불 집회가 있었지만, 시민 대중의 비폭력 저항이 광장을 뒤덮은 몰적 시위와 더불어 68혁명과 유사한 탈근대적이고 분자적인 흐름이 결합되어 전례 없는 혁명의 힘으로 폭발한 것은 2016년 겨울에 촉발된 박근혜 정권 퇴진을 위한 촛불 집회였다.

촛불혁명은 전근대와 근대, 그리고 탈근대가 혼잡스럽게 융합되어 있었던 한국 사회를 배경으로 한다. 압축성장에 의한 급속한 근대화와 그에 따른 청산되지 않은 전근대성, 군사독재를 극복한 성숙한 민주화와 잔재하는 독재에 대한 향수, 진보적 탈근대화와 근대화의 파시즘적 요소들이 얽히고설킨 채 뒤엉켜 있었다. 급속한 사회문화적 변동의 결과 진보적 측면과 함께 청산되지 않은 전근대적 관행과 사유가 광범위하게 공존하고 있었던 것이다. 퇴행적 잔재가 근대와 탈근대를 제압하는 현상이 수시로 등장했다. 그런 가운데 이명박, 박근혜 정권의 전근대성이 혁명의 도화선 역할을 했다. 한국형 구체제, '헬조선'이 그 한계에 봉착한 것이다.

한국의 숙명이 현실화되기 시작했다. 민주화의 전통과 높은 교육열에 따른 깨어 있는 시민으로서의 다중이 등장했다. 근대적 정주민으로서의 동질적인 대중이 아니라 탈근대적 유목민으로서의 이질적·다질적인 다중이다.

다중은 근대적 이분법에 입각한 좌우 이항대립과는 무관하다. 그들은 근대적 이념을 벗어난, 21세기에 어울리는 신중하고 확고한 관점을 가진 철학자들이고 비평가들이라 할 수 있다. 하나의 관점과 기준으로 재단할 수 없는 독특성을 지닌 개인들로 구성된 군중이라고 할 수 있다. 동종의 특성을 가진 집합체로서의 대중이 아니라 각자 뚜렷한 개성을 지닌 다양체(multiplicity)로서의 다중(multitude)인 것이다.

그들은 과거의 이념으로써 정체성을 재단할 수 없다. 그들은 탈근대 유목민으로서 들뢰즈와 가타리의 분자적이고 미시적인 분석에 의해서만 규정할 수 있다. 저항하고 창조하는 분열자들인 것이다. 유불도를 망라한 전통적 사유와 서구의 탈근대 사상이 광범위하게 그들의 정신에 접목되고 있다. 동양사상은 이미 탈근대적 잠재성을 내포하고 있었다.

한국은 더구나 대륙 세력과 해양 세력이 교차하고 최강의 경제권으로 부상하는 동북아의 중심이라는 지리적 위치에 있다. 그에 따른 불가피한 고뇌와 성찰이 사유와 실천의 욕망을 자극하고 있다. 전 지구적 차원의 거대한 힘과 욕망의 흐름이 결집하고 있는 한반도의 지리적, 역사적, 사상적 숙명이 촛불혁명으로 이어졌다고 할 수 있다.

몰적 차원에서 볼 때 2016년 하나의 사건으로서의 촛불혁명은 대통령 탄핵으로 이어진 성공한 무혈 혁명이었다. 수많은 민중의 참여가 있었지만 어떠한 소소한 폭력도 일어나지 않았다. 참으로 위대한 비폭력 혁명이었던 것이다. 세계사적으로도 유례가 없는 일이다. 한국의 민중이 얼마나 성숙했는지를 보여 주는 일대 사건이었다.

분자적 차원에서 볼 때 현재도 진행되고 있는 촛불혁명은 중심 없는 다중을 주체로 한 탈근대 혁명의 전형이라고 할 수 있다. 비로소 한국에서도 68혁명과 같은 탈근대적 성격을 가진 혁명이 등장한 것이다. 한국의 근대적 민주화 과정에서 부족했던 것이 68정신이었다. 68혁명은 미시적 규율권력에 대한 탈근대적 저항이었다. 그 저항은 처음에는 기존의 모습처럼 학생, 노동자에서 시작했지만, 나중에는 여성, 이민자 등의 소수자로 확산되어 갔다. 그들은 근대적 자유와 평등의 위선적 구호와 전후 자본주의 호황에 만족하지 않고 근본적이고 실질적인 변화를 요구했다. 정치적 민주화를 넘어 경제와 사회, 문화 모든 영역에서의 실질적 민주화를 요구했다.

한국이 현재 그런 상황에 놓인 것이다. 차이가 있다면 68혁명 당시는 신자유주의가 태동하던 시기였고, 지금은 신자유주의가 저물고 있는 시기라는 점이다. 한국의 민주화는 서구의 그것에 못지않은 역사를 자랑한다. 근대화가 늦었을 뿐 새 시대를 열고자 하는 혁명적 역량은 그 어느 나라에도 뒤지지 않는다. 다양하고 개방적인 사유의 전통을 가진 잠재력 있는 한국에서 짧은 기간 동안 산업화와 근대화가 진행되면서 민중의 문제의식과 진보에 대한 열망과 역량은 그 어느 때 그 어느 곳보다도 더 강렬하다고 할 수 있다. 신자유주의가 힘을 잃어가고 있는 지금, 한국은 촛불혁명이 성공할 수 있는 절호의 기회를 맞고 있다고 할 수 있다.

물론 촛불혁명 과정에서도 위선적 행태는 어김없이 드러났다. 대표집단의 무능과 위선은 촛불정신에 대한 배신으로 이어졌다. 한때 민주화를 주도했던 소위 586세력은 좌익 파시즘의 행태를 여실히 드러냈다. 일부 인사들은 진보를 가장한 장사치에 불과한 행태를 보이기도 했다. 이른바 강남좌파라 불렸던 자들은 좌파는커녕 강남파에 지나지 않았다. 대표집단과 다중의 사상적 괴리도 컸다. 근대를 넘어 탈근대로 가는 민중과 근대적 수준에도 못 미치는 대의 세력과의 이념적 차이가 모든 퇴행적 현상들을 초래한 가장 큰 이유라고 할 수 있다.

정치가 사회 변화를 좇아오지 못하는 것이다. 한편, 일부 대중들의 분별없는 팬덤문화도 진보를 방해하는 독소 중 하나다. 맹목적 팬덤정치와 비판적 대중정치는 다른 것이다. 정치가는 팬덤의 대상이 되어서는 안 되고 비판적 지지의 대상이 되어야 한다. 팬덤의 대상은 연예인과 스프츠맨으로 족하다. 대중은 정치가를 사랑해서는 안 된다. 함께 망하는 수가 있다. 잘못하면 단호히 버릴 수 있어야 한다. 정치가의 위선은 가차 없이 배격되어야 한다.

현재 촛불혁명의 기세가 주춤하고 있다. 반동의 흐름이 우세한 형세다. 아직도 신자유주의 신화에서 벗어나지 못한 탓이 가장 크다고 할 수 있다. 신자유주의는 벌써 쇠망의 길로 들어선 지 오래됐지만, 아직도 그것에 굴복하고 동화되고 내면화되어 허덕이는 사람들이 부지기수다. 특히 미국에서 공부한 인텔리라는 사람들 중에 그러한 자들이 많은 것을 보면 안타까울 뿐이다. IQ는 높을지 모르지만, 사유가 부족한 자들이다.

2022 대선 패배는 이러한 상황과 선거제도의 미비, 즉 결선투표 부재가 결합되어 민주주의 세력이 파시즘 세력에 대해 패배한 것이다. 촛불혁명에 편승해 집권한 세력의 위선과 무능으로 5년 만에 정권이 교체됐다. 촛불을 불태웠던 혁명의 욕망이 반동으로 역전된 결과다. 진보가 위선적이고 무능했기에 이런 믿지 못할 일이 벌어진 것이다.

진보의 위선은 그만큼 부작용이 크다. 반동 자체의 힘보다 진보의 위선이 더 무섭다는 것을 깨달아야 한다. 현실 진보 세력에 대한 실망과 환멸로 인한 욕망의 반작용이 촛불의 거대한 흐름을 바꿨다. 진보를 가장한 세력에 대한 환멸과 신자유주의의 잔존세력의 반격으로 반동적이고 파시즘적인 욕망이 우세를 점했다.

결론

한국형 구체제를 전복하고 새로운 체제를 구축하라는 것이 촛불의 명령이다. 김누리 선생이 한국형 구체제의 성격을 잘 정리해 주고 있다.

"해방 이후 대한민국은 네 개의 체제를 기축으로 작동해 왔다. 첫째는 정치 영역의 '수구-보수 과두 지배체제'이고, 둘째는 경제 영역의 '재벌 독재 체제'이며, 셋째는 사회 영역의 '권위주의 체제'이고, 넷째는 한반도를 둘러싼 '냉전 체제'이다. 바로 이 네 요소로 구성된 '구체제'가 이 나라를 '헬조선', '절망사회'로 만든 주범이다."[42]

단순히 정권을 교체하는 것만으로는 구체제를 뜯어고치는

---

42 김누리, 『우리에겐 절망할 권리가 없다』, 해냄, 2021, 44쪽.

것이 불가능하다. 김대중 정권의 등장 이후 21세기 한국 정치의 역사가 이를 증명해 주고 있다. 이른바 86세대는 정권을 교체하는 데는 성공했지만 새 시대의 비전을 보여 주기에는 역부족이었다. 그들에게는 새 시대를 설계할 만한 의지와 상상력이 부족했다. 한마디로 새 시대를 이끌 정신을 갖추지 못했던 것이다.

86세대뿐만 아니라 아직 우리 모두에게는 전근대와 근대를 극복할 만한 사상적 힘이 미진한 상태다. 어떤 사회든 전근대, 근대, 탈근대가 혼합되어 있기 마련이지만 한국은 아직 전근대의 세력이 막강하고 근대의 힘도 아직 제대로 서지 못한 형편이다. 이러한 상황에서 하물며 탈근대의 승리를 바라는 것은 너무 성급한 일이다. 근대의 부정적 요소와 신자유주의의 퇴행성을 극복하기에는 아직 역량이 턱없이 부족하다고 할 수 있다. 그러나 한국은 혁명의 잠재력은 충분하다고 할 수 있다. 앞서 말했듯이 환경도 우호적이다.

근대와 탈근대는 함께 가야 한다. 동양의 사유는 근대적인 것에는 뒤처졌지만, 탈근대적인 통찰력을 가지고 있다. 이제 동양적 사유의 전통을 찬란히 이어온 한국이 근대를 아우르고 그것을 넘어서는 새로운 사유로 가야 할 숙명에 놓여 있다.

이 글을 쓰는 동안 아무리 사방을 둘러보아도 빛이 보이지 않는다. 한국 말고는 이 숙명을 짊어질 나라와 세력이 보이지 않는다. 신자유주의 본산 미국은 신자유주의의 쇠퇴와 함께 자연스럽게 쇠퇴해가고 있다. 민주주의가 부활할 가능성은 보이지 않는다. 중국은 공산당 독재도 부족해 1인 독재로 가고 있다. 과연 중국이 세계를 선도할 정신을 창출해낼 역량이 있는지 의심스럽다. 중화주의의 부활은 퇴행을 넘어 재앙이 될 것이다.

러시아, 일본은 애당초 가망이 보이지 않는다. 모두가 파시즘의 부활을 꿈꾸고 있다. 근대의 부정성에서 한 치도 벗어나지 못하고 있다. 과거의 패권주의적, 침략주의적 영광에만 도취되어 있다.

유럽도 새로운 비전을 보여 주지 못하기는 마찬가지다. 유럽도 신자유주의에 휘둘리면서 극우 반동의 세력이 힘을 얻고 있는 형국이다. 유럽은 제국주의의 본산으로서 그러한 원죄가 낳은 문제들을 수습하는 데 적극적으로 나서야 한다. 세계적 골칫거리인 중동 갈등의 뿌리는 유럽의 제국주의다. 중동 문제의 평화적 해결과 난민과 이민자들에 대한 진보적 해결에 유럽은 근본적 책임이 있다.

유럽연합과 같은 새로운 시도가 지역 패권주의가 아니라 새로운 진보적 대안이 되어야 한다. 근대성을 비판하면서 새로운 사회를 모색한 68정신이 탄생한 곳이 유럽이다. 미국의 지배와 조종에서 벗어나 민주주의를 되살릴 수 있는 새로운 길을 유럽연합이 보여 주기를 기대한다. 지금으로서는 요원해 보이지만 그래도 희망을 가질 수 있는 지역은 한국 말고는 유럽이 유일해 보인다.

신자유주의가 저물어가는 혼돈의 시대, 새로운 대안이 나타나지 못하고 불확실한 미래에 대해 각자도생을 외치는 이 시대에 한국이 쇄도하는 파시즘을 잠재울 수 있을 것인가? 피할 수 없는 숙명의 힘이 한국을 중심으로 수렴되고 있다. '헬조선'의 구체제가 아직도 시퍼렇게 살아 있지만 역설적으로 그에 대항할 수 있는 반작용의 힘도 축적되어 왔다. 문제가 가장 큰 곳에서 해법이 나오기가 쉬운 법이다. 한국의 민중은 그러한 숙명을 받아들일 역량이 충분하다.

촛불은 계속 타오를 것이다. 촛불의 완성은 촛불의 지속적 타오름이다. 촛불혁명은 파시즘과의 영원한 대결이다. 진보의 재정립과 민주주의의 재건을 위해 우리는 어떻게 해야 하는가?

촛불 승리의

요건

앞에서 한국의 숙명을 이야기했다. 숙명은 피할 수 없는 것이다. 촛불혁명도 피할 수 없는 숙명의 한 과정이라고 할 수 있다. 반동과 위선으로 지체될 수는 있을지언정 궁극적으로 촛불은 승리할 수밖에 없는 운명이다. 따라서 이후로 말하는 촛불 승리의 요건은 엄밀히 말하면 단지 승리의 시간을 당겨 최소화하는 요건이라고 할 수 있다. 승리를 위한 시간을 최소화하여 조금이라도 민중의 고통을 더는 것이 이 책이 추구하는 목표다.

유불도와 68정신의 접목

혁명의 성공을 위해서는 혁명을 뒷받침할 수 있는 굳건한 혁명 정신이 필요하다. 혁명의 정신이 살아 있어야 혁명의 비전과 청사진을 제시할 수 있고 그것을 일관되게 추진할 수 있다. 계몽사상이 프랑스혁명과 미국의 독립을 이끌었고 마르크시즘과 볼셰비즘이 러시아혁명을 이끌었듯이 촛불혁명을 이끌 사상과 정신이 필요하다.

그것은 누차 강조했듯이 근본적으로 근대와 탈근대가 융합된 사유여야 한다. 근대적 사유에 기반을 둔 혁명들이 한계를 가질 수밖에 없었던 역사를 우리는 경험했다. 특히 근대화가 단기간에 압축적으로 이루어진 오늘날 한국의 상황에서는 근대의 부작용을 통찰하고 비판할 수 있는 탈근대 사상이 필수적으로 요구된다.

우리에게는 이미 근대를 넘어설 수 있는 잠재력을 지닌 유불도사상이 존재한다. 한국을 위시한 동북아시아는 근대화는 뒤처졌지만, 탈근대적 역량만은 충분하다고 장담할 수 있다. 공맹사상은 서양 근대 이상의 민본사상을 내포하고 있다. 군주정을 기초로 하는 신분사회를 초월하지는 못했지만, 인의예지를 통한 왕도정치를 추구했던 유교의 '이상적' 애민정신

은 근본적으로 혁명성을 내포하고 있기도 하다.[43]

불교와 노장사상은 인간을 초월한 자연 친화적 탈근대성을 이미 함축하고 있다. 전통적으로 동양사상은 본질과 나눔을 중시하는 서양 주류의 전통과는 달리 변화와 생성, 융합을 중시하는 서양 비주류의 사상과 통하는 바가 많다. 유불도사상도 외부로부터 이전된 것이지만 한국은 그것들을 융합하여 동학사상과 같은 수준 높은 창조를 이루었다. 근대의 분석적이고 환원적인 사유의 한계를 극복하고 종합적이고 전체적인 사유를 할 수 있는 기반은 이미 마련되어 있는 상태다.

이 시대가 요구하고 있는 것은 인간중심주의와 편협한 과학주의가 아니라 모든 중심주의의 탈피와 생태주의, 그리고 복잡계적 사유와 통합적 사유다. 한마디로 탈근대 사유의 접목을 통한 철학의 재정립이다. 나는 이러한 철학의 재정립을 통해서 촛불혁명의 정신을 구현하고자 한다. 이를 위해 동양의 유불도사상과 68정신의 접목이 필요하다고 생각한다. 68정신은 서양 탈근대 사유의 흐름이 구체적으로 표출된 것이라고 할 수 있다. 다소 추상적이라 할 수 있는 유불도 사상에

---

43 물론 유교 정신이 이상적으로 작동하지 않을 경우 파시즘적 요소가 발동될 수 있음을 부정할 수는 없을 것이다.

구체적인 68정신이 접목됨으로써 동서양 사상이 융합된 거대한 정신적 동력이 촛불혁명을 이끌 수 있을 것으로 기대한다.

앞서 말했듯이 68혁명은 탈근대 혁명으로서 최초의 세계혁명의 위상을 가진다. 그러나 우리는 68혁명의 세례를 받지 못했다. 프랑스와 독일에서 시작된 혁명의 불길은 서쪽으로 태평양을 건너 일본에까지 도달했으나 대한해협은 건너지 못한 것이다. 김누리 선생은 68혁명의 흐름이 우리나라에 도달하지 못한 것이 한국 현대사에서 결정적인 사건 중 하나라고 하면서 이것이 한국의 문화를 다른 나라보다 반세기가량 지체시켰다고 평가한다.[44]

이유는 간단하다. 박정희 독재정권하의 한국은 68정신을 받아들일 만한 준비가 되어 있지 못했기 때문이다. 한국의 탈근대적 잠재력이 잘못된 근대화의 산물인 군사독재에 의해 억압된 상황이었던 것이다. 김누리 선생도 세계 혁명인 68혁명에서 한국이 예외가 될 수밖에 없었던 이유를 한국이 세계에서 가장 강력한 반공 국가였다는 점을 들고 있다. 한국은 전 세계가 반대했던 베트남전쟁에 미국을 제외하면 지상군을 파병한 유일한 국가로서, 이러한 점이 세계적 흐름에 역행할

---

44 『우리의 불행은 당연하지 않습니다』, 58쪽 참조.

수밖에 없었던 결정적 이유라는 것이다.[45]

나는 이러한 생각에 적극적으로 동감하면서, 한국이 지체된 것은 전체적으로 볼 때 근대화의 미성숙에 그 근본 원인이 있다고 생각한다. 탈근대적인 68정신이 발현되기 위해서는 근대성의 성숙, 즉 근대의 긍정성과 부정성에 대한 누적된 사유와 경험이 필요했다. 그러나 신생 독립국인 한국의 근대에 대한 경험은 아직 일천한 수준이었다. 근대성을 성찰하고 비판하는 안목이 구체적으로 성숙하기에는 시기상조였다.

그럼에도 불구하고 나는 한국의 숙명을 다시 상기시키고자 한다. 동북아의 숙명이 아니라 한국의 숙명이다. 한국은 동북아에서도 가장 탈근대의 성향이 강한 나라라고 할 수 있다. 비슷한 지리적 환경에서 같이 유불도사상의 세례를 받았다 할지라도 중국과 일본에서는 한국과 같은 탈주를 향한 역동성을 찾기가 어렵다. 전제군주적 전통과 근현대사의 질곡으로 인해 '헬조선'의 상황에 처해 있지만 한국인은 근본적으로 자유와 평등을 지향하는 자질을 강하게 갖고 있다. 분단과 냉전체제에 따른 이념적 대립과는 다른 종교적 다양성, 산업화에는 뒤처졌지만 앞서가는 디지털 기술 등에서 볼 수 있듯

---

45 앞의 책, 81쪽 참조.

이 새로운 것, 다른 것에 대한 호기심과 변화에 대한 개방성이 강하다. '사촌이 땅을 사면 배가 아프다'는 속담이 있을 정도로 더 좋은 것, 더 나은 것, 더 많은 것에 대한 부러움과 시샘도 강하다.

이러한 것들이 얽히고설켜 한국인의 유목성과 탈주성은 그 어느 민족보다 강하다고 할 수 있다. 그 한 가지 경우가 한류라는 문화적 현상으로 나타나고 있다. 중국은 고래로부터 중화사상이라는 패권주의적 성향을 벗어나지 못하고 있다. 공산당이 통치하고 있는 현재도 마찬가지다. 어쩌면 그것은 팍스 시니카를 경험했던 중국의 숙명인지도 모른다.

일본은 경제 대국임에도 불구하고 그에 걸맞은 사유의 깊이를 보이지 못하고 있다. 섬나라 특유의 폐쇄성이 잘못된 근대화와 접목됨으로써 역설적으로 침략적인 군국주의 파시즘을 낳았다. 이러한 민족적 특성은 패전 이후에도 독일과 같은 사유의 전환을 이루지 못하는 주요한 원인이 되고 있다. 김누리 선생은 일본을 분수를 특히 중요시하는 사회로서, 그 본질은 여전히 신분사회라고 할 수 있는 '봉건 민주주의' 사회라고 평가한다.[46]

---

46 앞의 책, 160쪽 참조.

이와 같이 중국과 일본은 모두 근대성의 한계를 극복하기에는 아직 요원한 것으로 보인다. 누차 말하지만, 한국만이 그 역동성과 함께 제국주의적 침략의 역사가 없었던 도덕성과 신뢰를 바탕으로 동북아를 넘어 세계를 이끌 정신과 문화를 창조할 역량을 갖고 있다고 생각한다.

촛불혁명의 완성을 위해서는 68정신의 접목이 반드시 필요하다. 촛불혁명 이전까지 68혁명의 세례를 비껴간 한국 사회 발전의 과정은 그만큼 지체된 과정이었다. 아직도 절반의 위선적 민주화에 불과한 한국형 구체제, 헬조선의 맨얼굴이 우리의 현재 모습이다. 독재정권을 무너뜨리고 정치혁명을 이룩한 한국의 86세대는 새로운 비전을 제시하지 못하고 기득권화했다. 그 결과 정치혁명이 경제·사회·문화혁명으로까지 나아가지 못하는 것을 바라보는 민중은 절망할 수밖에 없었다.

새로운 동력이 필요했고 그것은 촛불이었다. 꺾을 수 없는 한국인의 혁명의 잠재력은 촛불로 되살아났다. 촛불은 점화됐지만, 아직 갈 길이 멀다. 작금의 현실이 그것을 말해준다. 유불도 사상으로 무장된 한국인의 내면에 흐르는 혁명의 잠재력에 68정신이 접목되어 더욱 굳건한 촛불정신이 창출되어야 최종적으로 촛불의 승리가 가능할 것이다.

앞서 보았듯이 68정신에는 탈근대적 사유의 거의 모든 요소가 응축되어 있다. 68혁명은 욕망의 해방을 지향하는 반파시즘 운동이었다. 베트남전쟁에 반대한 반제국주의와 모든 형태의 억압에 반대하는 반권위주의를 지향했다. 근대 자본주의 대량생산 사회의 소비주의와 물질주의를 비판했다.

실제로 우리는 68혁명 이후 모범적으로 혁명의 정신을 구현해가고 있는 독일에서 많은 것을 배울 수 있다. 독일은 68혁명의 발화점이 되었던 프랑스보다도 오히려 더 철저히 68정신을 실현함으로써 유럽의 선도국가로 우뚝 섰다. 혁명의 나라 프랑스보다도 더 혁명의 모범이 되고 있는 것이다. 한국의 86세대와 대비되는 독일의 68세대는 혁명 후에도 테오도어 아도르노, 귄터 그라스, 빌리 브란트와 같은 걸출한 인물들을 중심으로 착실히 68정신을 구현해 나갔다.

독일 비판이론의 거두 아도르노는 교육 개혁에 있어서의 철학을 다졌고, 문학가이자 사상가인 그라스는 나치즘의 과거를 청산하는 데 정신적 지주 역할을 했고, 정치가 브란트는 이러한 사상가들과 철학자들, 그리고 그들의 사유를 흡수한 깨어 있는 시민들의 지지에 힘입어 사회 전체의 혁신을 밀어붙일 수 있었다. 한국의 사상가와 철학자들의 분발이 필요하다. 사유와 철학의 빈곤은 모든 악의 근원이다. 우리에게 지금 가장 부족한 것은 사유의 힘이다. 촛불정신의 회복을 위해서는 가장 우선적으로 더 심오하고 더 치열한 사유가 시급히 필요하다.

68정신의 핵심은 모든 억압으로부터의 해방, 모든 권위주의의 거부라고 할 수 있다. 이것은 몰적 혁명과 분자적 혁명의 결합을 의미한다. 광장민주주의와 일상의 민주주의의 결합이다. 정치혁명에 경제혁명, 사회혁명, 문화혁명이 더해져야 한다. 거시파시즘과 미시파시즘 모두를 일소해야 한다는 것이 68정신의 목표다.

그러기 위해 정치 지형의 개혁에서부터 직장과 학교, 가정에서의 권위주의의 타파, 내 안의 파시즘 타파에까지 이르러야 한다. 촛불혁명은 일회성이나 단발성의 파편적인 사건이 아니라 몰적 성격과 분자적 성격이 결합된 촛불운동으로서 일상적인 영구혁명이 되어야 한다. 김누리 선생의 말대로 "민주주의는 이미 성취한 제도가 아니라, 시민이 하루하루 채워가야 할 숙제"[47]인 것이다.

---

47 『우리에겐 절망할 권리가 없다』, 59쪽.

대의민주주의와 선거의 한계 극복

한국은 식민지를 겪고서도 민주화가 성공적으로 이루어진 거의 유일한 나라로 칭송받고 있지만 그 민주화라는 것이 정치에 한정되어 있을 뿐만 아니라 정치적 민주화도 절반의 민주화라고밖에 할 수 없는 것이 사실이다. 한국의 정치혁명이 완성되기 위해서는 대의민주주의의 한계가 극복되어야 하고 선거제도가 민의를 더 잘 반영하도록 재정비되어야 한다.

직접민주주의가 이상적이라 할지라도 한계가 있는 것이 현실이다. 많은 인구와 넓은 국토로 대의제가 불가피한 측면이 있다. 그러나 대의제만으로는 진정한 민주주의의 실현이 불가능하다. 엘리트주의 또는 수호자주의로 흐를 위험성이 항상 존재한다. 자크 랑시에르가 대의제도의 위선성을 잘 보여주고 있다. 현대 대의제 민주주의의 본질은 과두제적 법치국가라는 것이 그의 주장이다.

"대의제는 공공영역을 담당할 권한을 가진 소수가 전체를 대표하는 것이어서, 이의의 여지 없이 과두제의 형태를 갖게 된다. 대의제의 역사를 살펴보면 항상 신분, 계급, 재력 등이 우선적으로 대표성의 기초가 되고 있다는 점을 발견할 수 있다. 결국 이러한 요소들이 권력 행사의 자격을 위해 요구되는 것이었으며, 그렇지 않으면 통치 권력이 이것을 가진 자들에게 부여했던 것이다."[48]

진보적 대의 세력이라 할지라도 그것에 내재하는 엘리티즘과 위선성은 불가피한 본성의 하나라고 할 수 있다. 대표 집단에서 위선과 반동의 속성을 완전히 제거하기는 불가능하다. 혁명이 일상의 영구적인 혁명으로 갈 수밖에 없는 이유이기도 하다. 그래서 몰적 혁명과 분자적 혁명의 결합이 필요한 것이다. 대의제의 한계를 극복하기 위해 블록체인 등의 기술 발전으로 가능하게 될 직접 민주적 요소를 적극 도입해야 한다.

우선 정당 내에서만이라도 직접민주제를 확대할 필요가 있다. 현대 민주주의는 정당민주주의라고 할 수 있다. 대의제는 정당 민주화를 통해 민의의 왜곡을 시정할 수 있다. 정당은 당원이 주인이다. 정당 차원에서만이라도 정치에 관심이 많은 당원의 당심을 충분히 반영함으로써 직접민주제에 좀 더

---

48 자크 랑시에르, 『민주주의는 왜 증오의 대상인가』, 2005, 한국어판: 허경 옮김, 인간사랑, 2011, 118~119쪽.

가까이 다가갈 수 있다. 당심이 당을 이끌어야 사당화를 막고 공당의 역할을 제대로 할 수 있다. 당내 토론을 활성화하고 모바일 투표와 같은 당원의 참여를 수시로 가능하게 함으로써 정당 민주화는 대의민주주의를 보완하는 중요한 수단이 될 수 있을 것이다.

오픈 프라이머리와 같은 것은 원래 정당 민주화와 어울리지 않는 제도다. 당의 민주화가 왜곡될 수 있다. 당심이 민심과 괴리된다면 당은 존재 이유가 없다. 그런 당은 민심의 선택에 의해 없어지는 게 낫지, 민심을 쫓는다는 명분으로 당심과 다르게 당을 운영하는 것은 자기 부정이자 모순이다. 당원들의 다수가 퇴행적이고 파시스트적이라면 도태되는 것이 맞다.

민주주의의 필수 요소 중 하나인 선거의 한계도 극복되어야 한다. 혁명의 역사에서 볼 수 있듯이 선거가 오히려 혁명의 발목을 잡는 경우가 많다. 시민이 자신의 의사를 표시하는 방법으로서의 선거는 체제를 민주적으로 보이게 하기 위한 하나의 형식에 불과하다는 것이 랑시에르의 통찰이다. 그에 의하면 선거라는 것은 원래 상위 권력자가 구하고자 하는 민

(民)의 동의의 표현일 뿐이다.[49] 자유로운 선거라 할지라도 정권교체라고 하는 형태하에서 본질적으로는 동일한 지배층의 재생산을 보장해 주는 것일 뿐이다.[50]

선거는 민주주의의 충분조건이 될 수 없다. 선거는 형식적, 절차적 민주주의를 위한 최소한의 필요조건에 불과하다.[51] 민주주의자에게도 파시스트에게도 똑같은 한 표가 부여된다. 실질적 민주주의를 위해서는 오히려 선거가 방해가 될 수도 있음을 앞서 본 바 있다. 그러나 모든 구성원이 참여하는 보통선거가 전체적 민의를 파악할 수 있는 유일한 척도임은 부인하기 어렵다. 그것으로 구성원의 자발적 예속의 정도, 욕망이 혁명성과 반동성 사이의 진동 과정의 어느 위치에 있는지도 파악할 수 있을 것이다. 폭력에 의한 쿠데타 등 다른 수단에 의한 최종 결정이 사실상 불가능한 현대 민주주의 체제하

---

49 앞의 책, 119쪽.
50 앞의 책, 157쪽.
51 민주주의 개념에 대해 앞에서 자세히 규정한 바 있다. 민주주의를 다수의 통치로 보아 보통선거제의 도입이 민주주의의 전부인 것으로 생각하는 이들이 있다. 그러나 선거는 민주주의 과정에 있어 최소요건일 뿐이다. 민의를 제대로 반영하기 위해 보통, 평등, 직접, 비밀의 원칙을 지키는 것은 최소한의 절차적 민주주의를 관철시키는 것일 뿐이다. 자유와 평등의 신장을 통한 구성원의 주인으로서의 지위 확립을 민주주의로 보는 우리의 입장에서는 선거에 의한 다수의 통치를 민주주의와 동일시하는 유아적 발상은 참으로 애석한 일이다.

에서는 궁극적으로 선거의 결과가 모든 것을 결정할 수밖에 없다.

민주주의의 최소요건에 불과할지라도 현실적으로 선거는 그만큼 중요하다. 바람직한 선거는 민의를 제대로 반영하는 것이어야 한다. 또한 그 민의가 민중의 진실한 의사여야 한다. 따라서 바람직한 선거가 되기 위해서는 무엇보다 왜곡된 기호 조작에 맞설 수 있는 민중의 통찰력이 관건이라고 할 수 있다. 정확한 해석과 평가, 즉 정확한 선택을 위한 통찰력이다. 기호 조작에서의 전쟁, 즉 기호전쟁에서의 승리를 위해서는 통찰력을 기를 수 있는 민주적 교육과 제대로 된 정보를 생산하고 정확한 정보를 전달할 수 있는 민주적 언론이 필수다.

대의제와 선거제도의 이러한 한계를 극복하기 위한 대안을 찾는 것은 쉽지 않은 일이다. 우선은 불가피한 측면이 있는 현실의 제도를 개선하는 것이 시급하다. 정확한 대의를 위해 세대 대표성과 직능 대표성을 높여야 한다. 그러기 위해서는 선거제도의 대폭적 손질이 필요하다. 독일식 연동형 비례대표제가 좋은 모범이 될 수 있을 것이다. 현재 한국은 86세대와 법률가, 언론인, 교수가 과잉 대표되어 있다.[52] 대표성을

---

52 『우리의 불행은 당연하지 않습니다』 97~98쪽 참조.

높이기 위해 소선거구제는 중대선거구제로 바꾸고 대통령 선거에 결선투표제를 도입할 필요가 있다. 국민의 성향을 정확히 대의하는 정치 지형의 구성을 위해 선거제도는 반드시 재정비되어야 한다. 그래야만 진정한 진보를 이룰 대표집단을 선출할 수 있다.

진보의 재정립

신자유주의가 쇠락하고 있지만 새로운 대안이 아직 나타나지 않고 있는 혼란스러운 상황에서 반동적 욕망의 승리는 세계적 현상이 되고 있다. 영국의 브렉시트, 미국의 트럼프의 당선 등이 대표적 사례들이다. 그 외에도 세계 각국에서 극우 정당의 기세가 두드러지고 있다.

반동적 흐름의 승리에는 여러 공통점이 있다. 우선 반동적 기호조작의 승리다. 신자유주의에 포섭된 학자들을 앞세운 지식 조작이 아직도 거세다. 그들의 프로파간다가 대중들에 여전히 힘을 발휘하고 있다. 또한 여성이나 외국인, 약자와 소수자에 대한 혐오, 갈라치기 등의 전략이 선거의 과정에서 주효했다. 단적으로 탈진실의 승리라고 할 수 있다.

다음으로 불합리한 선거제도가 저들의 승리에 한몫했다. 미국에서는 선거인단에 의한 간접 선거, 한국에서는 결선투표의 부재 등이 그것이다. 미국이나 한국이나 아직은 민주 세력이 다수인 것만은 분명했지만 불합리한 제도로 말미암아 정권이 교체될 수밖에 없었다. 진보라 불리는 세력의 위선 또한 공통적이었다. 신자유주의에 휘둘리면서 대안은 제시하지 못하고 핵심 문제는 건드리지도 못하는 가짜, 무능한 진보에 대한 환멸과 염증이 사람들의 욕망을 역전시켰다. 촛불혁명의 완성을 위해서 진보에 대한 재정의와 진보 세력의 재정립이 절실히 요청되는 시점이다.

단순한 진보의 재건이 아니다. 진보 개념의 재설정을 포함하는 진보의 재정립이 필요하다. 이 책의 서두에서 진보에 대해 이미 규정한 바 있다. 단언컨대 진보는 다시 정의되어야 한다. 진보는 자유와 평등의 전진이다. 자유와 평등의 전진과 확산이 정의이고 민주주의의 구현이다. 진보의 반대는 퇴행 또는 반동이지 보수가 아니다. 보수는 하나의 취향이지 가치 판단의 대상이 아니다. 보수주의자에 대응하는 것이 리버럴로 불리는 자유주의자다.

진보, 중도, 보수의 3분법은 잘못된 기호조작의 대표적 사례다. 의도에 상관없이 진실을 보지 못하게 한다. 세상을 일차원의 삼분법이 아니라 다차원의 다양체라는 시각으로 보아야 한다. 하나로 규정될 수 있는 중도라는 것은 없다. 무한한 차원의 욕망으로 구성된 다중만이 존재한다. 진영에 포함되지 않는 모든 사람을 중도로 뭉뚱그리는 것은 언어의 폭력이다.

보수주의자와 자유주의자 모두 진보적일 수도 반동적일 수도 있다. 100만 난민을 받아들인 앙겔라 메르켈은 보수적인 기민당 출신이지만 인간을 존중하고 자유와 평등의 확대를 추구하는 누구보다도 더 진보적인 인물이다. 진보는 좌파나 우파와도 무관하다. 좌익 파시즘과 우파 진보주의자의 사례는 셀 수 없이 많다. 한국의 86세대는 그동안 진보 행세를 해왔으나 진실은 그렇지 못하다는 것이 여실히 드러났다.

현재 한국은 진보 세력이 와해된 상태로, 프랑스혁명 당시 테르미도르 반동 시기와 유사하다고 할 수 있다. 광장에서의 촛불이 촛불정부라 불리는 문재인 정권을 탄생시켰으나 혁명은 완성되지 못하고 반동 세력에 역전되고 말았다. 당시 테르미도르파는 산악파 내부의 변절자들과 지롱드파, 평원파 등의 제휴 세력이었다. 일찍이 자코뱅 클럽에서 분리된 입헌군주제를 지향했던 퓌양파와 나중에 온건파로서 산악파를 좌파 세력으로 비판하며 자코뱅과 분리된 지롱드파는 오늘날 민주당 내의 기득권자들과 닮은 점이 많다.

현재의 한국이 처한 상황은 테르미도르 반동 이후 소수의 자코뱅 진보파만 남게 된 프랑스혁명 후의 정치 지형과 비슷하다. 이러한 정치 지형에서 좌파와 우파, 보수와 혁신을 넘어 새로운 진보를 추출하고 정립시켜야 하는 것이 이 시대의 과제가 되었다. 산악파를 이끌었던 로베스피에르가 공포정치를 한 과오는 있으나 그의 청렴함과 진보를 향한 열망은 진정성이 있었다고 평가할 수 있다. 프랑스혁명 당시의 산악파와 같은 진보성을 가진 세력이 다시 주도권을 잡아야 한다. 전통적인 민주당 수구 기득권자들은 물론이고 기득권화한 소수 운동권 세력들의 위선을 상퀼로트의 역할을 하는 진보적 민중들이 몰아내야 한다. 새로운 정신으로 무장한 새로운 세력이 등장해야 한다. 보수와 혁신 모두에서 진보의 새살이 돋아야 한다.

보수로 위장한 수구 세력, 진보로 위장한 위선 세력을 일소해야 한다. 그 한 가지 방법이 앞서 언급한 정당 민주화가 될 것이다. 정당에 참여하는 당원들의 의지에 따라 민주적으로 정당이 운영된다면 최종적으로 민주화된 민중의 선택에 따라 자연스럽게 진보는 살아남고 위선과 수구는 변별되어 도태될 것이다.

촛불정신의 부활과 지속을 위해서는 68정신의 접목이 필요하다고 했다. 현재 민주당의 중심 세력인 86세대의 후진성과 위선성은 유럽의 68세대와 비교하면 명확히 드러난다. 86세대는 좌익 파시즘의 전형을 보여 주고 있다. 독일의 극작가 베르톨트 브레히트는 "파시즘이 남긴 최악의 유산은 파시즘과 싸운 자들의 내면에 파시즘을 남기고 사라진다는 사실이다."[53]라고 밝힌 바 있다. 파시즘이라는 적과 싸우면서 적을 닮는다는 말일 것이다. 86세대는 군사독재라는 파시즘과 싸우면서 자신도 모르게 독재의 유산을 내면에 심게 됐을 수도 있다.

이에 반해 근대에 대한 통찰과 탈근대에 대한 비전으로 무장한 68세대는 68정신을 계승하여 정치를 넘어 경제, 사회, 문화 전 영역에서 민주화를 착실히 수행했다. 그러나 근대의 단점을 극복하고 탈근대로 나아갈 수 있는 안목과 소양을 갖추지 못한 한국의 86세대는 결국 기득권화되고 말았다. 김누리 선생의 평가를 인용해 보자.

"1987년 군사독재 체제가 무너지고 민주화의 시대가 열린 이후

---

53 앞의 책, 100쪽에서 재인용.

에도 한국의 86세대가 이상적인 세계에 대한 어떤 정치적 비전도 결여하고 있었다는 것은 참으로 아쉬운 일입니다. 비유하자면 군사독재 체제의 붕괴와 함께 86세대의 정치적 전망도 붕괴한 것입니다. 일종의 동반 붕괴가 있었던 것이지요. 그럼으로써 한국 사회의 기득권 구조는 큰 변화 없이 유지되었습니다. 독재체제의 붕괴가 곧 새로운 사회의 등장을 뜻하지는 않았다는 의미입니다. 말하자면 '군사독재하의 비정상 사회'가 '민주정부하의 비정상 사회'로 이행한 것입니다. 지배의 주체는 바뀌었지만, 사회의 비정상성은 조금도 변화되지 않은 것이지요. … 86세대는 유럽의 68세대에 비해 이상 사회에 대한 비전과 상상력의 지평이 대단히 협소했습니다."[54]

86세대는 사유의 지평이 근대성에 국한되어 있었고 내면의 파시즘의 구축(驅逐)은 외면한 채 정권교체라는 몰적 혁명으로 만족하는 한계를 드러냈다. 68세대는 혁명 이후 68정신을 일관되게 유지하면서 정치는 물론 기타 영역에서도 개혁에 매진한 반면, 86세대는 정치 민주화 이후 수구 세력에 대한 도덕적 우월감에 도취되어 의지와 상상력이 결여된 채 경

---

54 앞의 책, 101~102쪽.

제, 사회, 문화 영역에서의 민주화는 한 치도 나아가지 못하고 신자유주의 공세에 굴복하고 말았다. 그 결과가 '헬조선'으로서의 현재의 한국이다.

86세대의 실패는 민중의 반동화로 이어졌다. 김누리 선생에 의하면 "86세대의 실패는 이 세대의 비극을 넘어 한국 사회의 비극이다. 한때 정의를 외치며 자신을 희생했던 세대의 정치적 실패는 사회 전반에 더 큰 실망감과 좌절감, 냉소주의와 패배주의를 퍼뜨린다. 지금 한국 사회를 휘감고 있는 거대한 무력감의 뿌리는 바로 여기에 있다."[55]

대표집단의 위선과 무능은 이처럼 민중에게 반동의 심리를 유발하고, 파시스트의 욕망을 움트게 하는 씨앗으로 작용한다. 김누리 선생의 평가에 의하면 "한국은 전 세계에서 유례가 없는, 극단적으로 우경화된 정치 지형을 가진 나라다. 지난 70년 동안 한국 정치는 보수와 진보가 경쟁을 한 것이 아니라, 수구와 보수가 권력을 분점해 왔다. 이것이 한국 사회가 오늘날 정치 민주화와 경제성장, 정권교체에도 불구하고 헬조선이 된 근본적인 원인이다."[56] 86세대는 이러한 정치 지

---

55 『우리에겐 절망할 권리가 없다』, 93쪽.
56 『우리의 불행은 당연하지 않습니다』, 182쪽.

형을 바꿔내는 데 실패했다. 이들을 진보적 대표집단으로 여기며 기대를 품었던 민중은 환멸과 좌절을 맛보아야만 했다.

따라서 의지와 상상력을 가진 진보의 재정립은 더 이상 미룰 수 없는 시대적 과제라고 할 수 있다. 우선 앞서 말한 선거 개혁을 통한 대의제의 올바른 정립이 시급하다. 독재와 투쟁하면서 정치적 자유를 쟁취한 공은 있지만 86세대는 정치 지형상으로 볼 때 결코 진보 세력이 아니다. 유럽의 경우와 비교한다면 기껏해야 독일 기민당만도 못한 정도의 보수 세력일 뿐이다.

현 상황에서 86세대가 지배하고 있는 민주당의 재창당 수준의 쇄신이 필요하다. 정권교체만으로는 부족하다. 여러 번의 정권교체 경험이 이를 증명한다. 보수의 정체성을 가지면서 그마저도 기득권화한 86세대는 수구 세력과 본질적 차이가 없다고 할 수 있다. 86세대를 심판하지 않고서는 한국의 진보를 재정립할 수 없다. 선거를 통한 정치 지형의 대개조가 필요한 시점이다.

다행히 현재 새로운 흐름이 형성되고 있다. 기존의 진보와 보수라고 일컬어지던 세력 양쪽 모두에서 진정한 민주주의 세력과 파시즘 세력의 분열이 이루어지고 있다. 거짓 진보와 수구 보수는 사라지고 진정한 자유와 평등의 신장을 추구하는 진보적인 자유주의자와 진보적인 보수주의자들의 성장을 기대한다.

이처럼 진보와 민주주의의 실현은 지극히 어려운 일이다. 유능하고 일관된 진보성을 가진 대표집단과 깨어 있는 진보적 민중의 결합이 전제되어야 하기 때문이다. 그러나 진보성과 깨어 있음을 항상 유지한다는 것은 원천적으로 불가능한 일이다. 진실을 정확히 판단하기도 어려울뿐더러 지금까지의 사유와 행동의 지침을 바꿔야 할 정도의 불편한 진실을 수용하기란 쉬운 일이 아니다. 우선 정보의 획득 자체와 획득된 정보의 진실성 확보의 어려움이 있다.

사실상 인간 사회에서 검증 가능한 문제와 해답은 극소수다. 왜곡된 정교한 기호조작은 반증이 거의 불가능하다. 거대한 사고실험을 필요로 하는 경우도 많다. 시간이 지나야만 진실을 알 수 있는 경우가 대부분이다. 또한 욕망을 의식적으로 통제하는 것은 불가능하다. 반증이 가능하더라도 의식적, 무의식적 욕망의 전환으로 이어진다는 보장도 없다. 확증편향의 예에서와 같이 의식적, 무의식적으로 형성된 가치관이나 세계관과 배치되는 진실에 대한 회피와 두려움이 진실의 수용을 어렵게 한다. 진실과 무지, 진실과 왜곡, 지성과 반지성, 진보와 반동, 민주주의와 파시즘의 싸움은 영원할 수밖에 없다.

현대 자본주의 사회에서 진보의 재정립을 위해서는 결국 자본의 통제에 모든 힘이 집중되어야 한다. 우선 이 시대를 지배하는 반동적 기호조작의 핵이라고 할 수 있는 신자유주의가 극복되어야 한다. 신자유주의는 자유의 신장을 가져온다는 논리들로 가장하고 있지만 실제로는 자본의 자유만을 추구하는 정치적·경제적 거대 담론에 불과하다.

사회 모든 영역의 자본(돈)으로부터의 해방이 필요하다. 자본의 끝없는 탈영토화와 재영토화에 대응한 진보와 반동의 반복이 영원할 수밖에 없다는 것이 들뢰즈와 가타리의 자본주의 분석의 결론이다. 자본의 운동도 존재의 운동, 욕망의 운동과 동일한 속성을 가진다는 것이다. 이에 따른다면 진보는 자본의 철폐가 아니라 자본의 지배의 철폐, 즉 자본의 민주적 통제를 목표로 하여야 한다.[57] 그러기 위해 욕망의 혁명적 극으로의 이행이 필수다. 그것은 구성원의 깨어 있음과 각성을 전제로 한다. 무지로부터 해방되는 것이 혁명의 시작이다. 무지와 자유는 양립 불가능하다. 토머스 제퍼슨의 말이 정곡

---

[57] '자본의 철폐냐, 자본의 지배의 철폐냐?'에 관한 자세한 논의는 유튜브 채널 〈들뢰즈 경제학 토론클럽〉을 참조할 것.

을 찌른다. "문명국가의 국민이 무지하면서도 자유롭기를 바란다는 것은 과거에도 없었고 앞으로도 없을 것을 바라는 셈이다."[58]

욕망의 역전을 자극할 수 있는 사건들이 누적되거나 반동 체제의 극심한 부작용이 노출될 때까지 이르러야 진보의 회복이 가능할 수도 있을 것이다. 그러나 그렇게 되기 전에 유불도와 68정신을 접목하고 대의제와 선거제를 개혁해서 진보를 하루빨리 재정립해야 한다. 그래야만 큰 파국 없이 욕망을 혁명의 방향으로 역전시킬 수 있을 것이다. 어떤 경우든 진보의 재정립은 통렬한 각성에서 시작될 수밖에 없다. 무엇보다 교육과 언론의 민주화가 필수적인 이유다.

검찰 민주화

언론과 교육의 혁신과 함께 한국 현대사의 특수한 상황에서 검찰을 민주화하는 것이 급선무다. 한국 검찰이 한국 사회 전체에 미치는 영향이 매우 크다고 보기 때문

---

58 『반지성주의 시대』, 5쪽에서 재인용.

이다. 민주화가 진행되고 정권이 여러 번 교체되면서 독재의 폐해와 같은 많은 적폐가 사라진 것이 사실이지만 아직도 한국 사회는 적폐의 전시장이라 할 만큼 전근대와 근대의 독소들이 켜켜이 쌓여있다. 어찌 보면 압축성장과 급속한 근대화에 따른 당연한 결과라고 할 수 있다. 적폐가 이처럼 쌓이고 쌓인 대한민국에서 검찰의 역할은 너무도 중요하다.

　정의를 세우고 죄를 엄히 처벌하는 것이 국가의 근본 역할이고 그것을 담당하는 기관이 검찰과 경찰이다. 일제강점기에 경찰이 담당했던 반역적인 행태에 대한 반작용으로 해방된 한국에서는 검찰의 기능이 상대적으로 강화된 측면이 있다. 그러나 그것이 한국 검찰의 역사를 어둡게 만들고 한국의 부패가 제대로 청산되지 못하는 가장 큰 원인의 하나가 되었다.

　기소권을 독점하고 광범위한 수사권도 겸비한 검찰은 자신의 사명과 본분을 망각하고 정권이 강할 때면 기꺼이 정권의 시녀 역할을 했고, 정권의 힘이 빠졌을 때는 자신이 스스로 권력을 휘두르는 만행도 주저하지 않았다. 근거 없는 엘리트 의식과 군대식 상명하복을 따르는 집단의식에 사로잡힌 일부 검사들은 이제 자신들이 모든 가치판단과 권력의 형성을 좌지우지할 수 있다는 망상에까지 이른 듯하다.

치죄와 징벌이라는 국가의 근본 기강을 세우는 일이 검찰의 기능이다. 검찰을 민주화하는 것이 모든 개혁의 요체인 이유다. 검찰을 민주화해서 부패를 척결하면 정경유착, 권언유착이 근절되고 관료 민주화, 사법 민주화, 교육 민주화 등 모든 부문의 민주화가 연쇄적으로 이루어질 것이다. 검찰은 뿌리 깊은 부패의 고리를 차단함으로써 정치, 관료사회뿐만 아니라 경제, 사회, 언론, 문화, 교육, 종교 등 모든 부문의 투명성을 제고하는 등 민주주의 발전에 크게 기여할 수 있기 때문이다.

검찰 민주화는 정의로운 민주사회 구현을 위한 개혁의 핵심이다. 검찰은 군, 경찰, 국정원, 국세청을 비롯한 공권력의 중심으로서 검찰을 개혁하면 형사사법제도라는 틀을 통해 경찰과 국정원까지도 개혁이 가능하게 된다.[59] 언론과 교육의 민주화를 위해서도 한국은 우선 검찰 민주화가 절실하다.

검찰 민주화는 결코 쉬운 일이 아니다. 외부 압력으로부터의 독립성과 중립성이 필요하고 동시에 검찰 내부에 대한 민주적 통제도 필요하다. 독립성과 중립성을 강조하다 보면 민주적 통제가 어려울 수도 있다. 균형과 조화를 모색하면서 한

---

59 김인회, 『문제는 검찰이다』, 오월의봄, 2017, 22쪽.

편으로는 독재 또는 권위주의적 정권에 대한 굴복의 역사, 다른 한편으로는 민주 정권에 대한 저항의 역사라는 양면성을 가지는 검찰의 반민주적 역사를 바로잡는 것이 관건이다.

구체적으로 검찰 민주화의 핵심은 기소독점주의와 기소편의주의의 타파에 있다. 한국 검찰의 비대한 권한을 견제하기 위해 수사권과 기소권을 분리하자는 주장도 있다. 기소권은 검찰, 수사권은 경찰이 갖도록 하자는 것이다. 그러나 수사권과 기소권의 분리가 검찰의 힘을 빼는 효과는 있을지라도 꼭 민주화에 필연적으로 요구되는 것이라고 하기는 어렵다. 상황에 따라 합리적으로 결정할 문제라고 생각한다. 권력은 검찰과 경찰을 동시에 장악할 수도 있는 것이다.

나는 한국 검찰의 민주화를 위해 가장 좋은 방법이 강력한 독립성과 민주적 정당성을 가진 제2검찰을 설립하는 것이라고 생각한다. 민주적 정당성을 가진 제2검찰이 기존의 검찰이 가진 기소독점주의와 기소편의주의를 타파함으로써 제대로 된 검찰 민주화를 실천할 수 있다.

특히 검찰의 진정한 사악함은 기소독점주의보다 기소편의주의에 있다. 기소하지 않아야 할 것을 기소함으로써 정의를 억압할 수 있고, 기소해야 할 것을 하지 않음으로써 부정과 비리를 조장하고 덮을 수 있다. 참으로 검찰의 힘은 막강하다.

없는 죄를 만드는 것, 있는 죄를 덮는 것 모두 있어서는 안 되는 일이다. 제2검찰도 기소권을 가짐으로써 이것을 시정할 수 있다. 기존의 검찰을 놔두고 비슷한 기능을 가지는 제2검찰을 설립하는 것은 비용의 낭비라고 주정할 수도 있으나 제2검찰은 검찰권의 수평적 분산이지 옥상옥이 아니다.[60]

비용보다 편익이 막대하다. 검찰 기능은 정의를 세우고 부패를 없애는 것이다. 특히 부패 청산은 그 자체의 편익은 물론 경제의 효율을 위해서도 매우 중요하다. 부패는 경제의 순환을 원활하지 못하게 함으로써 경제적 효율을 망가뜨린다. 경제 선진국들은 모두 부패지수가 낮은 나라들이다. 부패의 완전한 청산을 위해 필요하다면 제2검찰은 얼마든지 가능하다.

현재 운영 중인 고위공직자범죄수사처(공수처)는 다시 개조해야 한다. 치밀한 전략과 준비 없이 이루어진 졸속 입법이었다. 케케묵은 5천 년 부패의 역사를 청산한다는 원대한 계획을 가지고 추진해야 한다. 다른 개혁도 마찬가지이지만 문재인 정권의 검찰개혁은 실패했다. 누차 말했듯이 문재인 정권의 핵심이었던 86세대는 개혁을 이끌어갈 능력도 의지도 없

---

60 앞의 책, 152쪽 참조.

었다. 그나마 추진했던 것도 어설프고 부실했다.

공수처도 그중 하나다. 검찰 민주화는 한국의 부패한 이미지를 단번에 바꿀 수 있는 개혁 중의 핵심 개혁이다. 시간이 걸려도 신중하고 또 신중하게 추진해야 한다. 민주적 정당성을 위해 적어도 공수처장만은 직접 국민의 손으로 선출해야 한다. 그리고 처장에게 법조인의 자격을 요구할 필요가 없다. 우리 시대의 윤리와 도덕을 대표할 수 있는 인사가 그 직책을 맡아야 한다. 법률 지식보다 상식과 도덕, 그리고 용기와 과단성이 우선 요구된다. 권력의 눈치를 보지 않는 기개 있는 인사가 공수처장이 될 수 있어야 한다. 그것만이 국민의 신뢰를 얻을 수 있다.

법조인의 전문성은 다른 것으로 충분히 보충될 수 있다. 조직은 민주적이어야 한다. 기존의 검찰과 같은 군대식 조직이 아니라 민주화한 국회식 조직이어야 한다. 군대식 조직은 상명하복을 생명으로 하는 극단적인 질서 추구형이고, 국회식 조직은 극단적인 자유 추구형이라고 할 수 있다. 기존 검찰의 군대식 신속성과 일사불란함, 제2검찰, 공수처의 국회식 독립성과 자율성이 상호 보완됨으로써 정의의 실현과 거악의 척결이라는 전체 검찰의 기능이 제대로 발휘될 수 있을 것이다.

교육 민주화

교육이란?

민주주의에 있어 교육의 중요성은 아무리 강조해도 지나치지 않다. 교육이 살아야 민주주의도 산다. 교육이 죽으면 민주주의는 없다. 민주주의자, 자율적인 윤리적 주체, 깨어 있는 시민은 교육이 살아있어야 가능한 것이다. 교육이 근대적 계몽의 가장 중요한 수단임은 더 말할 필요가 없다. 들뢰즈와 가타리의 용어로 말하면 교육 현장은 기표화[61]와 주체화가 이루어지는 주된 장소다.

푸코식으로 말하면 학교는 규율권력이 작용하는 전형적 공간이다. 한마디로 교육은 주체를 생산하는 일이다. 문제는 체제 순응적인 예속적 주체를 생산할 것인가, 체제 비판적인 자율적 주체를 생산할 것인가 하는 것이다. 관건은 기호조작에 대한 대응력이다. 언어 조작, 지식 조작을 포함하는 기호조작이 순응하는 예속된 주체를 기르는 가장 중요한 수단이다. 교육은 기호조작에 크게 의존하지만, 역설적으로 기호조작에

---

61 기표화는 간단히 말해 하나의 기호로써 어떤 대상에 정체성과 위상을 부여하는 일이다.

대항할 수 있는 역량을 키울 수 있는 가장 중요한 수단이 될 수 있는 것도 교육이다. 교육의 목적을 어디에 두는가에 따라 길이 갈릴 것이다. 참된 욕망의 정립, 인간해방을 위해서는 체제 비판적인, 기호조작을 꿰뚫어 볼 수 있는 자율적 주체를 양성하는 민주주의 교육으로 가야 한다.

결국 깨어 있는 시민의 육성, 욕망 실현을 위한 자율적 주체의 형성이라는 민주주의 교육의 핵심은 기호조작에 대응하여 진실을 통찰할 수 있는 역량을 기르는 것이라고 할 수 있다. 교육이란 무엇인가, 교육은 어떠해야 하는가에 대해서도 근대와 탈근대로 나누어 살펴볼 필요가 있다. 근대와 탈근대는 교육의 목적과 철학이 근본적으로 다르다.

근대적 관점하에서 교육은 의식적·표상적 가르침과 배움이라고 할 수 있다. 교수(instruction)와 학습(learning)의 결합을 말한다. 가르친다는 것은 지식의 전달과 기존 가치의 이전을 의미한다. 배운다는 것은 지식(앎)의 습득과 기존 가치의 내면화를 의미한다. 근대 교육은 근대 동일성의 철학에 근거한다. 동일성의 재현과 표준화를 추구한다. 따라서 정체성과 모델이 중요하다. 절대적 의미와 가치를 지닌 표준과 모델을 설정한다. 이해력 위주의 합리성 교육이 중요할 수밖에 없다.

결국, 근대 교육은 표준과 모델에 대한 원근과 유사성의 정도에 따른 선별에 바탕을 둔 능력주의로 귀결된다. 기존의 주어진 가치를 향한 경쟁과 투쟁이 불가피하다. 교육의 효과가 협력과 공감보다는 경쟁과 시기, 더 나아가 적대와 원한으로 나타날 우려가 크다.

탈근대 교육은 무의식적·비표상적 차원으로의 탈주를 시도한다. 들뢰즈의 '배움(apprentissage)'이 이러한 시도의 하나다. 가르침과 배움은 명확히 분리하는 것이 불가능하다. 가르침과 배움 모두 새로운 진리와 가치의 창조 과정이 된다. 절대적 의미와 가치는 없다. 관점에 따른 해석과 평가가 중요하다. 근대 교육을 자기부정적(체제순응적) 앎의 교육이라고 한다면, 탈근대 교육은 자기실현적(체제비판적) 배움의 교육이라고 할 수 있다.

탈근대 교육은 탈근대 차이의 철학에 근거한다. 차이와 생성, 그리고 다양체적 창조를 지향한다. 해석력과 창조력 위주의 '욕망교육'이 중요시된다. 들뢰즈와 가타리의 용어로 '정동교육'이라고 할 수 있다. 능력에 따른 선별 교육보다는 배우는 자들 각자의 독특성을 존중하는 보편 교육이 될 수밖에 없다.

탈근대 교육을 대표하는 들뢰즈의 배움에 대해 좀 더 알아보자. 들뢰즈의 배움론이 교육의 민주화를 실현하고 현대사회의 기호조작에 대응할 수 있는 좋은 수단이 될 수 있을 것으로 생각된다. 들뢰즈에게 있어 진리는 앎이나 지식(savoir, 영어 knowledge)의 대상이라기보다는 배움(apprentissage, 영어 apprenticeship)의 대상이다. 안다는 것은 대상을 재인(reconnaître, 영어 recognize)하는 것이고 지칭하는 것이다. 배우는 것은 대상을 인식(connaître, 영어 cognize)하는 것이고 그것의 의미(sens, 영어 sense)를 파악하는 것이다. 진리를 인식함에 있어 하나의 대상은 의미를 방출하는 하나의 기호(signe, 영어 sign)로서 우리에게 다가온다.

"배운다는 것은 필연적으로 기호들과 관계한다. 기호는 시간이 흐르는 동안 배워 나가는 대상이지 추상적인 지식의 대상이 아니다. 배운다는 것은 우선 어떤 물질, 어떤 대상, 어떤 존재를 마치 그것들이 해독하고 해석해야 할 기호들을 방출하는 것처럼 여기는 것이다. … 나무들이 내뿜는 기호에 민감한 사람만이 목수가 된다. 혹은 병의 기호에 민감한 사람만이 의사가 된다. … 우리에게 무언가를 가르쳐 주는 모든 것은 기호를 방출하며, 모든 배우는 행위는 기호의 해석이다. … 세계들 모두의 공통점, 즉 각각의 세계를 가로지르는 통일성은 세계들이 인물들, 대상들, 물질들이 방출하는 기호들의 체계를 형성한다는 것이다. 해독과 해석을 하지 않고는 우리는 어떤 진리도 발견할 수 없고 아무것도 배울 수 없다."[62]

들뢰즈에 의하면 기호가 지시하는 대상의 명시적 의미
(signification)를 규명하는 것보다 기호가 감싸고 있는 함축적
의미(sens)를 해석하고 펼쳐 내는 것이 더 근본적으로 진리에
접근하는 길이다.

"진리는 결코 미리 전제된 선의지의 산물이 아니라, 사유 안
에서 행사된 폭력의 결과이다. … 명시적이고 규약적인 의미
(signification)는 결코 근본적인 것이 아니다. 외현적(外現的)인 기호
가 감싸고 있고 그 기호 속에 함축되어 있는, 그런 의미(sens)만이
오로지 근본적이다."[63]

한편으로 기호는 의미(sens)를 표현한다(exprimer). 그리고 다
른 한편으로 기호는 대상을 지시한다. 대상을 지시한다는 것
은 그 대상의 명시적이고 약속된 의미(signification)를 가리키는
(indiquer) 것이다. 진실을 찾는 것은 의미를 해석하고 기호를

---

62 질 들뢰즈, 『프루스트와 기호들』, 1964, 한국어판: 서동욱·이충민 옮김, 민음사, 2004,
    23~24쪽.
63 앞의 책, 41쪽.

해독하고 설명하는 것이다.[64] 이 과정이 사유의 과정이다. 이 과정이 문제에 직면하여 해를 찾는 과정이다. 기호가 사유하도록 강요하고 사유에 폭력을 행사한다.

"문제들을 만드는 것이 바로 기호들이다."[65]

"사유함이란 언제나 해석함이다. 다시 말해 한 기호를 설명하고 전개하고 해독하고 번역하는 것이다."[66]

들뢰즈의 사유하기는 단순한 알기나 알아보기, 즉 재인의 과정이 아니라 진실을 찾아가는 인식의 과정, 기호 해독의 과정이고 이것이 배움의 과정이다. 들뢰즈는 진정한 배움을 위해 재현 이하의 세계, 즉 이념과 강도의 세계로까지 침투한다. 기호는 하나의 고정된 현실적 대상이 아니라 잠재적인 다양체로서의 대상이 된다. 기호와의 마주침으로부터 강요되는 배움도 새로운 의미를 갖게 된다.

"먼저 배운다는 것은 이념 안으로, 그 이념의 변이성과 특이점들 안으로 침투해 들어간다는 것이다. 다른 한편 배운다는 것은 하나의 인식능력을 초월적이고 탈구적인 사용으로까지 끌어올린다는

---

64 앞의 책, 42쪽 참조.
65 질 들뢰즈, 『차이와 반복』, 1968, 한국어판: 김상환 옮김, 민음사, 2004, 362쪽.
66 『프루스트와 기호들』 145쪽.

것이고, 그 능력을 다른 능력들과 소통하고 있는 마주침과 폭력으로까지 끌어올린다는 것이다."[67]

"배운다는 것, 그것은 분명 어떤 기호들과 부딪히는 마주침의 공간을 만들어간다는 것이다. 이 공간 안에서 특이점들은 서로의 안에서 다시 취합된다."[68]

"배운다는 것은 이념을 구성하는 보편적 관계들과 이 관계들에 상응하는 독특성들 안으로 침투한다는 것이다. 가령 … 수영을 배운다는 것은 곧 우리 신체의 어떤 특이점들을 객체적인 이념의 독특한 점들과 결합하여 어떤 문제제기의 장을 형성한다는 것이다. … 배움은 언제나 무의식의 단계를 거치고 언제나 무의식 속에서 일어나는 것이며, 그런 와중에 자연과 정신 사이에 어떤 깊은 공모 관계를 수립하고 있는 것이다."[69]

"수영을 배운다든가 외국어를 배운다는 것은 자신의 고유한 신체나 언어의 독특한 점들을 어떤 다른 형태나 다른 요소의 독특한 점들과 합성한다는 것을 의미한다. … 이념과 배움은 명제 외적이거나 재현 이하의 성격을 띠고 있는 문제제기적 심급을 표현한다. 이념과 배움은 의식의 재현이 아니라 무의식의 현시(現示)인 것이

---

67 『차이와 반복』, 421쪽.
68 앞의 책, 73쪽.
69 앞의 책, 363쪽.

다."[70]

　배우는 것은 재현적 앎이 아니라 반복적 생성이고 변이이다. 기호가 표현하는 특이점들과 배우는 자의 특이점들의 결합이다. 기호와의 우연한 마주침으로 우리는 인식능력들의 초월적 실행에 진입한다.[71] 그럼으로써 새로운 욕망, 새로운 정동이 형성된다. 새로운 문제제기가 이루어지고 사유가 시작된다. 들뢰즈의 배움이 욕망교육, 정동교육으로 현실화되는 과정이다.

　평등한 자유를 이상으로 하는 민주화 교육은 사유하는 법을 가르치고 배움으로써 궁극적으로 욕망의 해방에 이르게 하는 것이다. 지식과 가치를 전달하고 내면화하는 것이 아니라 들뢰즈의 배움, 즉 이념과 특이성의 세계, 잠재성과 무의식의 세계로 진입하여 새로운 변이와 생성을 이루는 것이다. 그것이 욕망교육이고 정동교육이다.

　역으로 말하면 욕망교육은 기호와의 마주침이 배우는 자의

70　앞의 책, 416~417쪽.
71　인식능력들의 초월적 실행, 인식능력들의 탈구적 사용은 비표상적, 비재현적 차원으로 인식이 진입하는 것을 나타내는 개념들이다. 기존의 인식능력들의 작용이 헝클어지는 동시에 새로운 인식이 성립되는 과정이다. 새로운 정동이나 각성이 이루어지는 과정이다.

생산적 욕망을 촉발하여 스스로 사유하고 문제를 해결하도록 하는 것이다. 김재춘과 배지현의 저작인 『들뢰즈와 교육』이 들뢰즈의 배움론을 이해하는 데 큰 도움을 준다.

"들뢰즈적 관점에서 '좋은 학습자'란 이미 존재하는 어떤 것을 명료하게 재인식하거나 그것에 대해 분명한 의식을 소유한 이가 아니다. 어떤 것에 대한 지속적인 물음에 빠져 강렬한 분열을 체험하고 이로부터 새로운 문제-장을 생성할 수밖에 없는 강한 창조의 추동을 느끼는 사람이다."[72]

"학생들로 하여금 누구나가 동일하게 느끼는 방식으로 감각할 것이 아니라 차이적이고 특이한 방식으로 감각하도록 격려해야 한다. 또 사물에 상투적인 개념을 부여하면서 재인을 강조하기보다 사물을 다르게 보고 이것에 대한 새로운 개념을 창출하도록 고무해야 한다."[73]

가르침과 배움은 함께하는 행위다. 선생은 말 그대로 먼저 배움의 경험을 가졌던 사람일 뿐이다.

---

[72] 김재춘·배지현, 『들뢰즈와 교육』, 학이시습, 2016, 161~162쪽.
[73] 앞의 책, 214쪽.

"가르침은 학생과 함께 배움을 실천하는 교사가 낯섦을 창조하여 학생에게 이를 강한 기호로 발신하는 행위이다."[74]

"학생을 가르치는 활동이 따로 있는 것이 아니라 학생과 함께 하는 교사 자신의 배움의 활동이 바로 학생에게는 가르침의 활동이 된다. 이처럼 교사의 가르침은 곧 교사 자신의 배움 활동이라는 점에서 들뢰즈에게 배움과 가르침은 모두 '함께 배워가는 활동'이며, 따라서 배움과 가르침은 일종의 동행관계의 성격을 지닌다고 볼 수 있다."[75]

결국 가르치고 배우는 교육이란 함께 사유하기, 함께 배우기이다. 선생과 학생이 함께 배움에 참여하기이다.

들뢰즈의 기호론과 배움론은 욕망교육의 이상을 보여 준다. 이를 기초로 우리는 교육 민주화의 궁극적 목표인 참된 욕망의 실현이 가능한 인간해방에 다가갈 수 있다. 구체적으로 들뢰즈의 기호 해독으로서의 사유와 배움이 완성되기 위해서는 배우는 자는 임계적 자유를 가진 깨어 있는 시민으로 거듭나야 한다.

---

74 앞의 책, 276쪽.
75 앞의 책, 280쪽.

촛불혁명의 완성, 진정한 민주주의의 성립이라는 궁극적 진보를 위해서는 기존의 사회적 틀 안에서의 소극적, 적극적 자유를 넘어 그러한 틀 자체를 깰 수도 있는 임계적 자유가 필요한 것이다. 들뢰즈와 가타리의 용어로 말하면 배치를 변환시키고 새로운 배치를 창조할 수 있는 자유인 것이다.

임계적 자유에 도달하기 위해 민주 시민들은 모두 기호 해독자로서, 통찰력 있는 사유자로서, 의미의 해석자와 가치의 평가자로서의 역량을 갖추어야 한다. 특히 지배층과 기득권자의 기호조작, 그중에서도 현대 자본주의 사회에서의 자본의 기호조작에 대항하여 그것들의 왜곡과 모순을 꿰뚫어 볼 수 있는 통찰력을 기르는 것이 무엇보다 중요하다.

한국 교육의 현실

한국 교육의 현실은 한국의 현실을 수사하는 '헬조선'의 처음과 끝을 반영한다. 한국 사회의 천박함은 교육의 천박함에서 비롯된다. 온갖 반칙과 돈의 힘으로 한국 교육 과정을 성공적으로 이수하고 지배계급으로 등장한 수많은 인사들의 천박한 면면이 그것을 증명한다. 사유와 철학은 빈곤에 허덕이고 인간에 대한 예의는 온데간데없다.

한국 교육의 실상은 처참하다. 신자유주의적 사유로 포획된 한국 교육은 자본의 힘에 의해 장악되었으며 민주 시민을 양성하고자 하는 교육 취지는 사라진 지 오래다. 오로지 물질적 성공을 위한 무한 경쟁으로 학생들을 내몰 뿐이다. 학교는 우정을 나누고 협동심을 기르며 미래의 행복을 위한 준비를 하는 곳이 아니라 경쟁 사회의 축소판이자 우울 사회의 근원지가 되고 있다. 그 과정에서 좋은 대학에 들어가는 것이 교육의 지상 과제가 됐다. 한국 교육은 한마디로 대학 입시를 위한 교육이다. 대학 입시를 위해 초중고교가 존재하고 대학 입시를 잘 치르는 것이 졸업 이후의 성공을 보장한다. 모든 교육이 대학 입시라는 블랙홀에 빨려들어 가고 있는 형국이다.

대학 자체도 문제다. 90%에 달하는 세계 최고의 사립 비율을 자랑하는 기형적 구조를 가지고 있다. 국립대의 비율이 낮다는 것은 그만큼 대학 교육의 공공성이 침해되고 있다는 사실을 보여 주는 것이다. 그 결과 대학 교육은 사실상 이사회를 장악하고 있는 자본의 힘에 좌우된다고 할 수 있다. 인간과 사회를 사유하고 전체의 발전을 도모하는 인문사회과학은 축소되고 돈이 되는 학문 분야만 지원이 넘치고 있다. 대학 기업화의 시정으로부터 교육 민주화가 시작되어야 한다. 현대 자본주의 사회에서 모든 민주화는 자본의 통제가 핵심이고 교육의 민주화에 있어서도 그 사실은 동일하다.

교육 황폐화의 결과는 집단 구성원들 사이의 반목과 질시 그리고 우울증세의 확산이다. 화합과 연대의 목소리는 들리지 않는다. 이런 사회에서 자살률이 치솟고 출생률이 바닥을 기는 것은 어쩌면 당연한 현상이라고 할 수 있다. 교육이 문제의 근원이다. 누구나 인정하는 이 시대의 가장 큰 병폐인 불평등과 양극화의 문제를 해결하는 것은 교육의 문제를 해결하는 것에서부터 시작되어야 한다. 교육혁명이 절실하다.

교육 내용의 민주화

교육의 민주화를 위해서는 당연히 학교에서 민주주의를 가르치고 배워야 한다. 민주주의의 요체인 자유와 평등을 가르치고 확산시키는 것이 모든 교육에서의 가장 중요한 목표가 되어야 한다. 자유와 평등을 기반으로 하여 자신의 참된 욕망을 실현시킬 수 있도록 하는 욕망교육이 민주주의 교육의 핵심이라고 할 수 있다. 앞서 소개한 들뢰즈의 가르침과 배움으로서의 교육이 바로 욕망교육의 중요한 모범이 될 수 있다. 들뢰즈의 욕망교육은 재현 이하의 무의식과 잠재성의 세계로 천착해 들어가 자신의 독특성과 타자의 독특성의 합치를 꾀하는 것이다. 그럼으로써 자신의 참된 욕망과 정동을 찾는 것이다.

인간해방, 욕망의 해방을 목표로 하는 민주주의 교육은 민주적인 성교육으로부터 시작되어야 한다. 개인의 참된 욕망과 그것과 연결된 참된 자아는 성에 대한 인식과 관점의 정립으로부터 시작된다고 볼 수 있기 때문이다. 개인의 가장 내밀한 독특성은 성에 대한 취향에서 찾을 수 있다. 성 정체성과 성적 취향의 확립으로부터 성적 해방이 가능하고, 이로부터 모든 자유가 시작된다고 할 수 있다. 요컨대 모든 억압으로부터의 해방은 성적 억압으로부터의 해방에서 시작된다. 가장 내밀하고 가장 개인적이라고 할 수 있는 성적 문제로부터 해방되어야 진정한 자아의 확립이 가능하다. 따라서 성교육은 가장 중요한 민주주의 정치교육이라고 할 수 있다.

68혁명도 일종의 성 혁명의 성격을 가진다. 성적 억압으로부터의 해방을 주요한 모토로 삼아 성적 자유와 성의 평등을 추구했다. 성에 대해 윤리적 판단을 삼가고 죄의식을 갖지 않도록 하는 것이 중요하다. 성의 악마화가 개인을 예속화하는 주요한 수단이 될 수 있다. 독일의 '권위주의적 성격' 이론을 소개하면서 김누리 선생은 이렇게 말한다.

> "이 이론에 따르면 성교육은 가장 중요한 민주주의 교육이 되는 것입니다. 민주주의는 강한 자아를 가진 개인을 전제로 하는데, 그런 개인은 권위주의적 성격을 극복한 개인이어야 하고, 그런 개인은 바로 올바른 자아 교육, 즉 성교육을 통해서 길러지기 때문이지요. … 성에 대한 억압이 자아를 약화시키고, 약화된 자아는 권력에 굴종합니다."[76]
>
> "올바른 성교육은 강한 자아를 만드는 출발점이고, 강한 자아는 성숙한 민주주의의 조건이다."[77]

오이디푸스 콤플렉스를 성과 욕망의 주요 테마로 삼았던 정신분석을 비판하면서 성의 해방을 역설했던 들뢰즈와 가타리도 성을 욕망의 지표로서 매우 중요시한다. 그들에 의하면 성은 두 개만 있는 것도 여러 개인 것도 아니고 n개, 수천수만의 성이 있을 수 있다. 이처럼 성에 대한 개방적 사유를 유도함으로써 성과 성 다양성에 대한 인식을 제고하여 성적 취향

---

[76] 『우리의 불행은 당연하지 않습니다』, 116~117쪽.
[77] 『우리에겐 절망할 권리가 없다』, 136쪽.

(섹슈얼리티)과 성소수자에 대한 문제, 더 나아가 젠더 평등에
관한 문제에 대하여 더 진보적인 사회로 나아갈 수 있는 교육
이 필요하다.

성교육으로부터 시작되는 자아교육은 본격적인 정치교육
으로 확대되어야 한다. 깨어 있는 민주 시민으로 거듭나기 위
해 무엇보다 먼저 내 안의 일상의 파시즘을 타파해야 한다.
들뢰즈와 가타리가 말하는 미시파시즘의 시작은 스스로 자신
의 욕망을 억압하는 자발적 예속으로부터 시작된다. 자아 해
방의 교육이 필요하다. '정치 투쟁의 최전선은 내 안에 있다'
는 것이 68혁명 당시의 가장 유명한 구호 중 하나였다.[78]

김누리 선생의 표현을 빌자면 내 안의 '노예 감독관'을 쫓아
내는 것, 자기 계발이라는 이름으로 자행되는 '자기착취'로부
터 벗어나는 것이 필요하다. 자아혁명으로부터 모든 혁명이
시작된다. 특히 신자유주의 부채경제[79]라고 할 수 있는 현대
경제에서 이러한 자아혁명은 무엇보다 중요하다. 복지국가
와 완전고용을 목표로 국가의 개입을 주장했던 케인즈주의가
몰락하고, 국가의 개입을 최소화하고 개인의 책임과 자율을

---

78 『우리의 불행은 당연하지 않습니다』, 128쪽 참조.
79 현대 경제는 부채가 생산, 소비, 주체화의 제1 동력으로 작용하는 부채경제라고 할 수 있
다. 자세한 것은 마우리치오 랏자라또가 저술한 『부채인간』과 『부채통치』를 참조할 것.

강조하기 위해 '인적 자원', '자기-기업가' 등의 온갖 구호를 내세우면서 등장한 신자유주의하에서 이러한 기호조작의 저의를 꿰뚫어 볼 수 있는 자아혁명은 아무리 강조해도 지나치지 않다.

민주 시민을 기르는 교육, 파시즘에 대항할 수 있는 민주주의자를 기르는 교육이 정치교육의 핵심이다. 우리는 87년 체제로 형식적인 정치 민주화는 이루었지만, 실질적으로 개인 각자가 민주화된 깨어 있는 시민으로 환골탈태했다고는 볼 수 없다. 학교에서 시민교육을 제대로 받아야 성숙한 민주주의로 갈 수 있다. 김누리 선생에 의하면 "정치교육 덕분에 독일은 가장 높은 정치의식을 가진 시민을 길러낼 수 있었고, 이런 성숙한 민주주의를 바탕으로 정치적 안정을 이룰 수 있었으며, 이를 토대로 세계 최고의 경제 강국으로 성장할 수 있었다."[80]

형식적이기는 하지만 정치적 민주주의가 기정사실화한 상황에서 기득권 집단은 정치를 악마화함으로써 정치교육을 방해하고 있다. 정치 혐오를 부추겨서 정치 무관심을 조장하고 정치의 가치를 떨어뜨리는 기호조작에 나서고 있는 것이다.

---

80 『우리에겐 절망할 권리가 없다』, 130쪽.

'정치는 3류, 경제는 2류, 국민은 1류.', '바보야, 문제는 경제 야!'라는 언표들이 그러한 사례들이다. 따라서 학교에서의 정 치교육은 더욱더 중요해지고 있다. 저들의 기호조작을 꿰뚫 어 볼 수 있는 능력을 강화해야 한다. 정치가 가장 기본이고 중요하다. 정치가 다른 모든 문제를 풀 수 있는 열쇠다. 문제 해결의 과정 자체가 정치의 정의인 것이다.

역사교육도 민주화되어야 한다. 진보와 혁명의 역사에 대 한 교육, 그중에서도 민주주의와 파시즘의 대결이 주를 이루 는 근현대사 교육이 강화되어야 한다. 밝은 미래는 어두운 과 거의 청산을 전제로 한다. 잘못된 역사의 청산, 과거 청산이 국가 발전에 필요하다. 과거 청산이 국가 구성원의 화합과 연 대를 위해 중요하기 때문이다. 인적 청산도 필요하지만 잘못 된 역사를 바로잡는 것이 관건이다. 독일의 나치 역사 청산이 좋은 본보기가 될 수 있다.

김누리 선생은 '독일은 아우슈비츠의 나라'라고 단정한다. 그는 오늘의 성숙하고 부강한 독일을 만든 것은 과거 청산을 국가의 기본 이념으로 삼은 것이 중요한 원인이었다고 평한 다.[81] 피해의 역사와 동등하게 가해의 역사도 공부해야 한다.

---

81 앞의 책, 79~80쪽 참조.

68혁명의 주된 요인 중 하나가 베트남전쟁에 대한 도덕적 각성이었다. 반전 대신 대규모 지상군을 파견한 한국은 최초의 세계 혁명이라고 할 수 있는 68혁명의 정신이 스며들 여지가 없었다. 지금이라도 베트남전쟁에 대한 새로운 평가와 함께 베트남 민중에 대한 잘못이 있었다면 그에 대한 철저한 반성과 청산이 있어야 할 것이다.

잘못된 근대화로 인해 군국주의와 패권주의로 치달은 일본, 그리고 전후에도 68정신의 계승에 실패한 일본은 역사교육에 실패했다. 그 결과 경제 대국임에도 불구하고 동아시아의 선도국으로 도약하는 데 실패했다. 일본의 과거 청산 실패가 동아시아 발전의 발목을 잡고 있다. 똑같이 전범 국가였지만 68정신을 이어받은 독일은 역사 시간의 절반을 나치 시대에 할애하고 있다.[82] 이러한 역사교육과 철저한 과거 청산은 주위 국가들로부터 신뢰를 회복시켰고 유럽연합의 중심으로 독일을 우뚝 서게 했다.

교육 민주화를 위해 평등교육이 필수적이다. 자유에 대해서도 그렇지만 평등에 대해서는 특히 오해가 더 심하다. 자유와 평등 자체에 대한 성찰이 필요하고 자유와 평등의 관계에

---

82 『우리의 불행은 당연하지 않습니다』 65쪽 참조.

대해서도 심오한 통찰이 필요하다. 근대적 관점에서의 일도 양단적인 대립적 시각보다는 탈근대적인 관점에서 포용적이고 조화로운 시각을 취하는 것이 필요하다. 그것은 가능하며 더 효율적 결과를 가져오기도 한다.

교육에 있어서의 수월성과 형평성의 관계는 자유와 평등의 관계와 유사하다. 양자의 대립보다는 조화가 필요하고 또 얼마든지 가능하다. 모두를 위한 자유여야 하는 것처럼 '모두를 위한 수월성 교육(excellence for all)'이어야 한다. 수월성은 형평성이 성취됐을 때 극대화가 가능하다. 즉 고른 교육 기회를 보장해야 다양한 능력과 적성을 가진 개별 학생들의 성취가 극대화될 수 있는 것이다. 형평성이라는 거름을 준 땅 위에 교육의 다양성을 꽃피우고 수월성이라는 열매를 따 먹을 수 있어야 한다. 타인과의 경쟁이 아니라 자기 자신과의 경쟁을 할 수 있는 구조를 만들어야 한다.[83]

---

83 정태인 외, 『리셋 코리아』, 미래를소유한사람들, 2012, 467쪽 참조.

교육 제도의 민주화

전통적 신분사회가 해체됨으로써 한국에서는 정치적 평등사회가 구축됐다. 식민 지배와 내전을 거치면서 전통적 위계구조는 철저히 파괴되고 근대적인 자본주의적 계급사회로 전환됐다. 전통적 양반 신분사회의 혹독했던 착취의 역사가 무의식에 각인된 민중은 이와 같은 계급사회의 도래를 맞이하여 세계에 유례없는 교육열로 대응했다. 전근대 시대의 착취와 차별의 트라우마가 깊었던 만큼 역으로 그만큼 높은 평등의식이 고취되었던 것이다. 타고난 신분이 아니라 평등하게 주어지는 교육을 활용함으로써 누구나 성공의 기회를 가질 수 있다고 믿었던 것이다.

그러나 자본주의적 경쟁주의와 결합된 광적인 교육열은 학벌사회라는 새로운 위계구조를 초래했다. 학벌이 새로운 위계와 서열을 정하는 척도가 됐다. 어느 대학을 나왔고 어느 나라 어느 대학에서 유학했는지가 계급을 정한다.

따라서 대학을 중심으로 하는 민주화가 한국에서는 교육 민주화의 요체라고 할 수 있다. 대학 입시를 개혁하고 대학을 민주화하는 것이 대한민국 교육을 민주화하는 것의 전부라고 해도 과언이 아니다. 김누리 선생에 의하면 "학벌계급사회를 넘어서는 근본 처방은 엘리트 대학 체계를 혁파하여 대학의 좁은 문을 활짝 열어젖히는 것이다. 유럽 국가들처럼 고등학교를 정상적으로 졸업한 사람은 누구나 원하는 시기에, 원하는 대학에서, 원하는 공부를 할 수 있는 기회가 주어져야 한다. 대학은 특권의 고지가 아니라 기회의 평지여야 한다."[84]

요컨대 한국의 교육 민주화에서 가장 큰 과제는 대학을 중심으로 한 민주화의 실현이라고 할 수 있다. 한국의 모든 교육이 대학 입시를 중심으로 전개되고 있고, 대학은 그 사회의 담론을 생산하는 중심 기관이다. 대대적인 대학 개혁과 함께 대학 입시를 바로잡거나 아예 폐지하지 않는 한 한국 교육은 물론이고 사회 전체의 민주화 전망도 암울할 수밖에 없다.

대학 개혁을 위해서는 대학을 보는 시각이 근본적으로 바뀌어야 한다. 대학 교육은 국가의 책무여야 한다. 대학 교육이라는 서비스는 그 사회의 가장 중요한 공공재이기 때문이다. 대학의 존재 이유는 진리 탐구와 정의 실현이라는 인간 존재의 목적을 구현하는 데 있다. 따라서 대학의 생산물은 그 사회의 정체성과 가치를 규정하는 지식과 담론들이어야 하지 지배계급의 지배를 합리화하기 위한 논리이어서는 안 된다.

---

84 『우리에겐 절망할 권리가 없다』, 118쪽.

대학은 자본과 기업의 논리에 의해 지배되어서는 안 된다. 대학은 기호조작 전쟁에 있어 선봉에 서야 한다. 시장과 기업의 담론이 사회적 담론을 지배하는 것을 막는 것이 가장 중요한 대학의 임무다.

그러나 기업화된 대학이 오히려 자본과 기업의 나팔수 노릇을 하는 것이 오늘의 현실이다. 신자유주의 논리에 포획된 예속적 주체를 생산하는 인적 자원 개발 기관, 직업교육 기관으로 전락한 것이 오늘날 대학의 위상이다.

결국 사회 전반의 민주화를 위해서는 최우선적으로 우리의 사유와 관점의 정립을 관장하는 대학의 자본으로부터의 독립이 절실하다. 김누리 선생도 '대학 기업화' 현상은 고도의 정치적 성격을 지니고 있다고 말한다.

"그것은 시장이 사회의 모든 영역 중에서 가장 비판적인 영역인 대학을 제압함으로써 시장의 총체적 지배가 완료되었음을 알리는 신호탄이며, 자본 독재에 맞선 대체 담론을 생산할 마지막 보루인 대학이 마침내 소멸할 위기에 직면해 있음을 알리는 불길한 경보음이다."[85]

---

85 앞의 책, 171~172쪽.

기호전쟁의 최전선 대학에서 인문사회과학을 중심으로 하는 비판 학문이 도외시되고 실용 학문이 유행하고 있다. 이로 인해 대학은 이 시대 가장 큰 문제로 등장하고 있는 불평등과 양극화의 해결에 무력하며, 오히려 걸림돌이 되기도 한다. 대학은 불평등과 양극화의 합리화 담론을 생산하는 수단으로 이용되기도 하는 것이다.

　가령 기술 발전이 양극화의 근본 원인이며 그것은 불가피하다는 주장이 그중 하나다. 정부 정책으로도 해결 불가능하며 각자가 자유로이 자신의 능력으로 해결할 수밖에 없다는 것이다. 이것이 공정을 바탕으로 하는 경쟁주의, 곧 능력주의다. 능력주의는 사회와 국가의 역할을 방기하는 허울 좋은 수사일 뿐이다. 불평등한 사회에서 능력주의는 결코 미덕이 될 수 없다. 한 사람의 능력을 좌우하는 것은 대부분 그의 노력이 아니라 그의 환경과 배경이다. 자유와 평등, 그리고 정의를 이상으로 하는 대학의 정신이 하루빨리 되살아나야 한다.

　다시 강조하건대 대학의 자본으로부터의 독립이 이 시대의 가장 큰 과제 중 하나다. 학문 연구기관의 대표인 대학이 자본에 종속된다는 것은 우리의 사유가 자본에 예속된다는 것을 의미한다. 욕망의 해방을 위해서는 사유의 해방이 필요하고, 사유의 해방을 위해서는 교육이 민주화되어야 하고 그중에서도 대학의 민주화가 가장 중요한데, 대학의 자본으로부터의 독립이 그래서 중요한 것이다.

특히 신자유주의적 금융자본으로부터의 독립이 핵심이다. 사립대학이 주를 이루는 한국의 대학 이사회는 자본의 투자를 목말라하고 학생들은 학자금 대출이라는 부채의 족쇄를 사회에 진출하기도 전에 찰 수밖에 없는 것이 한국 대학의 현실이다. 대학을 보는 새로운 시각의 정립을 위해서는 한국처럼 사립대학이 주를 이루는 신자유주의의 본산지 미국보다는 68혁명의 본산지인 유럽을 참고하는 것이 타당하다.

68혁명은 교육혁명에서 시작됐다. "68혁명은 대학에서 발화된 '대학 혁명'이었고, 이것이 문화혁명, 사회혁명으로 이어져 오늘의 유럽을 만들었다."[86] 68혁명의 역사적 사례에서 우리는 많은 것을 배울 수 있다. 68혁명이라는 역사적 사건의 기호와 마주침으로써 우리는 깨달음과 각성을 얻을 수 있다. 68운동은 처음에 대학의 모순에서 촉발됐다. 지성과 자유의 전당이어야 할 대학이 권위주의와 자본에 지배되는 상황에 처했다.

혁명 후 대학 내 자유의 확대와 권위주의의 타파가 이루어

---

86 앞의 책, 209쪽.

졌다. 대학들이 평준화되고 파리의 국립대학은 13개 대학 체제로 개편된 바 있다. 대학생과 시민들의 반대로 1986년 보수파의 미국식 교육으로의 전환 시도가 좌절됐다. 그러나 그랑제콜이라는 엘리트 교육기관의 유지라는 한계를 보이기도 했다. 폐지 주장이 지속되고 있다. 68혁명 이후의 이러한 프랑스의 개혁 과정은 신자유주의 물결이 교육까지도 엄습하고 있는 한국의 현 상황에 시사하는 바가 크다.

독일의 대학 개혁은 더 급진적이다. 대학의 권력을 교수, 학생, 조교와 강사가 균등하게 나누어야 한다는 '3분할 원칙'이 채택되어 조교도 총장이 될 수 있게 됐다.[87] 교육 기회의 평등을 위해서는 학비의 무료화가 필수적이다. 독일은 등록금 무료화에 이어 생활비까지 지급한다. 관건은 의지다. 독일은 전후 배상금 지불까지 요구되는 상황에서도 이러한 조치를 단행했다.[88] 돈의 유무와 관계없이 공부할 기회는 누구에게나 동일하게 주어져야 한다는 상식적인 생각이 관철된 결과다.

대학 입시는 개혁을 넘어 폐지로 가야 한다. 경쟁은 야만이

---

87 『우리의 불행은 당연하지 않습니다』, 36~41쪽 참조.
88 앞의 책, 63~65쪽 참조.

라는 인식 전환과 함께 입시를 폐지해야 한다. 입시의 폐지야 말로 불필요한 경쟁을 미연에 방지하고 대학 교육을 정상화할 수 있는 가장 중요한 방편이라고 할 수 있다. 김누리 선생도 대학 입시의 폐지가 교육혁명을 넘어 모든 혁명의 시작이 될 수 있음을 강조한다.

> "대학 입시를 없애야 교육이 정상화되고 삶이 정상화되며, 아이들이 정상적으로 성장할 수 있다. 그것이 한국 교육을 살리고, 한국 사회를 살리고, 한국인을 살리는 길이다."[89]

나는 한국의 교육 개혁은 서울대 폐지로부터 시작할 것을 주장한다. 서울대라는 특권적 국립대학을 존속시킬 편익이 더 이상 크지 않다고 본다. 서울대의 존재가 학문 발전에 도움이 된다는 것을 보여 주는 징표를 찾을 수 없다. 서울대는 이제 학문 연구와는 거리가 먼 지위 경쟁에서의 승리를 위한 도구일 뿐이다. 사회를 리드하는 대부분의 서울대 졸업생들은 시험 기술자들이 가지는 사유의 천박함만을 드러내고 있다.

서울대 폐지로부터 시작되는 대학의 평준화가 대학 개혁은

---

89 『우리에겐 절망할 권리가 없다』, 148쪽.

물론, 한국의 모든 교육 개혁의 방아쇠가 될 수 있다. 서울대를 없애고 서열이 존재하지 않는 효율적인 학문 생태계를 구축해야 한다. 서울대를 10개로 만들자는 주장도 있던데, 그보다는 서울대 간판을 내리는 것이 먼저다. 소르본대학을 해체한 프랑스의 예를 참조할 만하다. 현재의 서울대를 해체해서 크게 순수학문 연구기관과 실용학문 연구기관으로 나누고 더 세분화한 다음, 전국으로 분할 설치해서 지방 국립대로 육성해야 한다. 우선 법대와 의대를 지방으로 이전해야 한다. 교양과목은 해당 지역의 국립대에서 수강하도록 하면 된다. 교육혁명은 서울대 폐지로부터!

나의 이러한 주장들이 이성적으로 볼 때 과하게 들릴지도 모르겠다. 그러나 진보와 혁명을 위해서는 이성과 지식보다는 의지와 상상력이 더 중요하다. 안토니오 그람시는 '이성으로 비관하더라도 의지로 낙관하라(I'm a pessimist because of intelligence, but an optimist because of will)'고 말한 바 있다. 아인슈타인은 '상상력이 지식보다 중요하다(Imagination is more important than knowledge)'고 말한 바 있다.

이성과 지식으로는 너무 과격하고 실현 가능성이 비관적으로 보일지라도 우리는 의지를 가지고 상상력을 발휘함으로써 가능성을 낙관하고 벽을 넘고 한계를 극복해 나가야 한다. 인류의 역사는 항상 그래 왔다. 양적 확대를 넘어 질적 도약을 하기 위해서는 규범적인 이성과 지식만으로는 부족하고 규범을 깨는 과감한 의지와 기발한 상상력이 필요하다. 단언컨대 진정한 진보는 이성과 지식보다는 의지와 상상력에 의해 만들어지는 것이다. 상상력이 결핍된 지식, 의지가 박약한 이성은 무익함을 넘어 유해할 수도 있다. 진보는커녕 현실을 합리화함으로써 반동과 파시즘을 초래할 수도 있다. 의지와 상상력을 발휘하여 거리낌 없이 진보로 나아가는 데 주저하지 말아야 한다.

기호전쟁에서의 승리

"억압받는 자의 언어가 세계를 변형시키려 한다면, 억압하는 자의 언어는 세계를 영원한 것으로 만들려고 한다."[90]

앞서 촛불정신의 회복을 위해서는 가장 우선적으로 더 심

90　롤랑 바르트, 『신화론(Mythologies)』, 1957, 한국어판: 정현 옮김, 현대미학사, 1995, 79쪽.

오하고 더 치열한 사유가 필요하다고 했다. 심오하고 치열한 사유를 통해서 우리 모두는 '기호전쟁'에 나서야 한다. 나는 기호조작(操作, operation)의 장에서의 전쟁을 '기호전쟁(sign war)'이라고 부를 것이다. 파시즘 세력과의 기호전쟁에서 승리해야만 촛불정신을 회복하고 민주주의와 진보를 다시 세울수 있다. 민주주의가 승리하려면 가장 먼저 교육이 바로 서야 한다. 민주주의 교육의 핵심은 비판교육이고, 그것은 올바른 해석과 평가의 능력을 기르는 것이다. 그러기 위해서는 기호조작에 대응하는 능력이 필요하다. 다음의 언론 민주화도 기호전쟁과 불가분의 관계에 있다. 교육 민주화와 언론 민주화를 통해 반드시 기호전쟁에서 승리해야만 민주주의가 바로설 수 있다.

기호를 수단으로 하여 사람의 의식과 무의식에 영향을 미치려는 모든 작업으로 정의될 수 있는 것이 기호조작이다. 모든 것이 기호가 될 수 있다. 그림이나 문자뿐만 아니라 소리와 같은 청각 기호도 있을 수 있고, 얼굴 표정이나 제스처도 기호가 되며, 깃발과 같은 단순한 물건도 기호가 될 수 있다. 따라서 기호조작은 어떤 영역에서도 어떤 차원에서도 가능하다.

들뢰즈와 가타리의 용어로 말하면 기호조작은 하나의 언표적 배치의 생산이다. 그것은 미디어 조작을 포함하는 모든 상징적 조작과 지식의 생산, 지식의 조작까지 포함한다. 단일한 개념의 창조뿐만 아니라 하나의 언표와 거대한 담론의 생산까지도 포함된다. 이데올로기, 지식, 더 나아가 문학과 같은 예술, 그리고 종교와 도덕 체계도 하나의 언표적 배치로 생각할 수 있다.

우선은 가능한 한 순수한 조작(操作, operation)인지 의도적 조작(造作, manipulation, fabrication)인지를 구분하는 것이 필요하다. 가짜 뉴스와 같은 것은 고의에 의한 것이든 실수에 의한 것이든 박멸되어야 할 민주주의의 적이다. 그러나 내면의 순수함과 의도적임을 명확히 구분하는 것은 당연히 쉽지 않은 문제다.

그보다는 겉으로 드러나는 방향성을 구분하는 것이 쉽기도 하고 어쩌면 더 중요한 것일 수도 있다. 진보를 지향하는가 아니면 반동을 지향하는가를 포착하는 것이 중요하다. 지배 이데올로기인지 대항 이데올로기인지에 따라 이데올로기 조작도 양가적일 수 있다. 언표와 담론의 생산이 지식 조작인지 이데올로기 조작인지 구별하는 것은 큰 의미가 없다. 지식과 이데올로기가 우리가 생각하는 만큼 명확한 차이가 있는 것도 아니다.

가령, 푸코의 계보학을 보자. 그것은 언표들의 집합인 담론의 형성 과정을 탐구하는 학문 체계로서 기호조작의 과정을 여기서 볼 수 있다. 푸코는 그의 계보학을 바탕으로 지식 또는 진리가 어떻게 생산되고 그것이 어떤 권력적 효과를 갖게 되는지를 분석한다.

그에게 이데올로기와 지식의 구분은 의미가 없다. 언표와 담론들의 생산 과정과 효과가 중요한 것이다. 어떤 것도 조작이 가능하다. 푸코의 지식 체계는 들뢰즈와 가타리에게는 하나의 언표적 배치에 해당된다. 푸코의 지식의 권력적 효과는 들뢰즈와 가타리의 버전으로 말하면 언표적 배치의 의식적 또는 무의식적 욕망에 대한 효과, 즉 기계적 배치에 대한 효과에 상응한다. 들뢰즈와 가타리는 푸코의 계보학적 논의를 더 심화시켜 무의식적인 잠재성의 영역으로까지 천착해 들어간다.

기호조작이 하나의 언표적 배치(표현)를 구성해서 기계적 배치(내용)와 상호 작용한다는 것이 들뢰즈와 가타리의 배치론[91]의 골자다. 표현의 특질의 조작들이 욕망이라는 기계적 배치(agencements machiniques de désir), 즉 내용에 영향을 미치고 내용은 다시 표현에 간섭하고 침투한다는 것이다. 들뢰즈와 가타리에 있어 언표적 배치는 하나의 기호체제(régime de

---

91 강윤호, 『내 살고픈 세상 : 들뢰즈 경제학의 철학적 토대』, 북랩, 2018 참조.

signes)를 구성하기도 한다. 하나의 사회를 구성하는 핵심 기제로서의 기호체제인 것이다. 들뢰즈와 가타리의 배치론에서 기호체제는 욕망이라는 기계적 배치에 가장 큰 영향을 미치는 요인이 된다. 즉 그 사회의 욕망을 구성하고 그것에 영향을 미치는 가장 큰 요인인 것이다.

기호체제에 변화를 가져와 욕망을 조종하는 것이 기호조작의 핵심 목표다. 들뢰즈와 가타리의 잠재적이고 생산적인 욕망은 칸트의 '물자체'에 비유될 수 있다. 그 자체가 존재하지만, 우리가 정확히 알 수는 없는 것이다. 다만 차이가 있다면 칸트가 말하는 물자체는 단순히 불가지한 것이지만 욕망은 고정된 정체성이 없어서 우리가 언어로 표현하거나 감각하는 것이 불가능한 것이다.

욕망은 항상 생성과 변주의 과정에 있기 때문에, 그 고정된 정체를 알 수 없다. 그러나 우리는 그 욕망에 영향을 미침으로써 변형시키고 굴절시키고 조작할 수는 있다. 그 자체로 존재하는 잠재적 욕망은 항상 외부의 조건과 형식을 만나 상호작용함으로써 하나의 현실적 실체로 구현된다. 그 조건이나 형식 중 대표적인 것이 기호체제인 것이다.

가령 자본주의 기호조작이 그 대표적인 사례다. 욕망은 그 자체로 존재한다. 자본은 욕망을 욕망 그 자체로 내버려 두지 않고 기호조작을 통해 그 욕망의 변형과 굴절을 시도한다. 욕망이 그 자체로 구현된다면 자본주의는 지속될 수 없거나 재생산될 수 없다. 자본주의는 기호조작을 통해 순수한 욕망을 결핍과 필요와 욕구로 굴절시켜 상품경제와 시장경제를 유지하고 인간의 본성을 자본의 조건에 맞게 정형화한다.

　기호조작이 악용되는 대표적 사례들로 여론 조작, 프레임[92] 조작 등이 있고, 사이비 과학, 정크 사상, 정크 과학[93] 같은 것들도 포함될 수 있다. 이러한 거대 담론들이 우리의 의식과 무의식을 지배하고 있다. 확증편향에 의해 반대 증거의 제시만으로는 의도되고 왜곡된 기호조작의 시정이 어려운 경우가 많다. 세계관과 가치관의 변경을 가져올 정도의 각성, 즉 욕망의 재배치가 필요하다. 충격적 사건이 필요할 수도 있을 것이다. 파국이 오기 전에 기호조작에서의 전쟁에서 승리해야 한다.

　기호조작에서의 큰 승부는 특히 입증이 어려운 사고실험이나 거대한 사회실험을 필요로 하는 상황에서의 논리 개발, 담론 전쟁이 될 것이다. 기호조작의 장에서 중요한 것은 철학과 논리다. 연역과 귀납의 추론이 중요함은 물론이다. 과학적 입

92　기호조작의 대표적 사례 중 하나가 조지 레이코프의 프레임 구성이다.
93　『반지성주의 시대』 9장 참조.

증이 불가능한 담론 전쟁에 있어서는 공감을 유발할 수 있는 설득력 있는 사유와 직관이 관건이 될 것이다.

이러한 점들이 내가 교육 민주화에서 철학과 논리를 바탕으로 한 비판교육을 반복적으로 강조하는 이유다. 한마디로 진실을 통찰할 수 있는 역량을 기르는 것이 비판교육이다. 비판교육의 열쇠는 기호조작의 장에서 진실을 가려낼 수 있는 능력이다.

나는 진실은 진리와 사실을 합한 것이라고 생각한다. 진리는 반복에 있어서의 진실성, 즉 어떤 규칙성, 일반성이나 보편성을 말하는 것이라면, 사실은 하나의 사건에서의 진실성이라고 할 수 있다. 가령 '인간은 사회적 동물이다'라고 하면 진리에 관한 명제이고, '철수는 사회적이다'라고 하면 사실에 관한 명제가 될 것이다. 진리에 관계된 것이 지식 조작이나 담론 조작이 될 것이고, 사실과 관계된 것이 미디어 조작이나 이미지 조작이 될 것이다. 진리를 왜곡하고 사실을 호도하는 모든 기호조작에 대응하여 진실을 꿰뚫어 볼 수 있는 통찰력을 길러야 한다.

오늘날 기호조작은 갈수록 교묘해지고 있다. 물리적 억압과 강압은 배제되고, 스스로의 선택에 의한 자기결정으로 모든 것이 이루어지는 것처럼 느껴지도록 기호가 조작된다. 이러한 과정에서 이 시대의 온갖 신화와 이데올로기들이 창조된다. 근대의 이성중심주의, 인간중심주의(휴머니즘), 국가주의 신화에 더하여 신자유주의 신화라고 할 수 있는 경쟁 신화, 성장 신화, 그리고 시장주의, 민영화, 탈규제, 능력주의, 영웅주의 등의 이데올로기가 만들어진다.

이러한 것들이 진리와 지식으로 포장되어 현대인들의 사상을 지배하고 있다. 현대인들은 사유할 시간이 없다. 신화 창조와 더불어 사유할 시간을 제거하는 것이 현대 지배자들의 지배를 위한 또 하나의 주효한 수단이다. 과다한 학습시간과 노동시간은 사유의 일천함으로 이어질 수밖에 없다. 과다한 노동은 물론이고 지식과 정보의 과다한 주입도 사유를 방해한다. 판단력과 창조력이 제거된다. 피로 사회, 과로 사회를 유발함으로써 지배자들은 비판과 저항의 싹을 제거한다.

현대 자본주의 사회에서는 특히 자본의 기호조작에 대한 통찰이 무엇보다 중요하다.[94] 기호조작은 자본의 포획력 증가

---

[94] 현대 자본주의는 기표적·언어적 기호조작을 통한 사회적 예속화를 넘어 비기표적 기호계의 조작을 통한 기계적 노예화에 의해 자본의 지배를 더욱 공고히 하는 수준에까지 이르렀다. 비기표적 기호는 다른 기호를 지시하는 대신 그 자체가 의미(sens, sense)를 생산하는 기호를 말한다. 기호가 물질적 흐름에 직접적으로 작용한다. 재현이나 언어의 매개 없이 실재(reality)를 표현한다. 도상(icon), 지표(index), 상징(symbol)으로 나눌 수 있다. 사회적 예속화와 기계적 노예화는 근현대의 주체성 생산 장치를 일컫는 개념들이다. 자세한 것은 들뢰즈와 가타리의 『천 개의 고원』과 마우리치오 랏자라또의 『기호와

를 위한 필수 요건이다. 현대 경제에서는 기호의 생산, 분배, 소비 과정을 자본이 장악했다. 대학 기업화, 언론 기업화, 사립교육 강화, 문화산업의 육성 등이 모두 자본의 기호조작을 위한 무기들이다. 자본의 민주적 통제를 위한 기호전쟁이 불가피하다. 오늘날 자본의 지식 조작에 대응한 전쟁이 기호전쟁의 핵심이다. 민주 세력이 기호의 생산, 분배, 소비 모든 과정에서 대항력을 길러야 한다. 대학 개혁을 비롯한 교육 민주화, 언론 민주화가 시급하다. 이를 통해 문화 민주화를 포함한 사회 전체의 민주화가 이루어질 수 있다. 지식의 왜곡된 조작을 일삼는 지식인 사회의 혁신과 각성이 필수다. 우리는 자본의 나팔수를 자처하는 지식인과 전문가들과의 대결에서 승리해야 한다.

기호전쟁에 있어서 마지막으로 덧붙이고 싶은 말은 이것이다. 아직도 많은 지식인과 전문가들의 사유를 지배하고 있는 것이 신자유주의다. 신자유주의가 효력을 다했음을 알고 있음에도 더 나은 대안이 없다고 보아 그것을 어쩔 수 없이 수용하는 자들도 있는 것 같다. 의지와 상상력이 부족한 자들이라고 볼 수밖에 없다. 신자유주의와의 기호전쟁에서 승리하기

기계』를 참조할 것.

위해 우선 필요한 것은 지식 조작, 담론 조작의 장에서의 미국 추수적인 관행을 벗어나는 일이다.

신자유주의의 본산이 미국이다. 우리는 숭미주의, 영혼의 미국화라는 말이 있을 정도로 사유와 행태의 미국 의존이 심하다. 그러나 미국은 결코 진보적인 국가라고 할 수 없고 글로벌 스탠더드도 아니다. 진보적 사유의 도입이 필요하다면 미국보다는 유럽이 모델이 되어야 한다. 혁명의 역사에서도 보았듯이 미국의 자유는 강자와 자본의 자유이고, 미국의 평등과 인권 수준은 유럽에 비해 대단히 미약하다. 한국의 지식인과 학자들은 미국적 사유로부터 하루빨리 독립해야 한다. 그래야만 우리의 영혼과 정신이 몽매함에서 벗어나 세계와 현상을 제대로 해석하고 평가할 수 있을 것이다.

언론 민주화

민주주의의 꽃이 언론의 자유라는 것은 상식이다. 언론이 살아있으면 민주주의는 죽지 않는다. 언론 자유의 핵심은 표현의 자유라는 것도 상식에 속한다. 표현의 자유가 실질적으로 보장되기 위해서는 알 권리가 확보되어야 한다. 알아야만 제대로 표현할 수 있다. 알기 위해서는 정보가 필요하다. 정보는 정확해야 하고 정보에 대한 접근이 자유로워야 한다. 결국 우리는 정확한 정보를 습득할 수 있어야 표현의 자유를 제대로 누릴 수 있다. 정보의 생산이 투명하게 이루어지고 생산된 정보가 투명하게 전달되어야 우리는 그것을 바탕으로 제대로 된 의사표시를 할 수 있다. 결국 정보의 생산과 전달의 투명성을 보장하는 것이 언론 자유를 포함한 민주주의의 핵심이다.

언론 자유의 역설은 표현의 자유가 언론 자유를 파괴하려는 세력도 누릴 수 있는 자유라는 것이다. 민주주의의 최대의 적인 파시즘 세력도 언론의 자유를 누린다는 것이 민주주의를 지키기 어려운 이유다. 이들은 민주주의를 파괴하려는 의도를 숨기고 표현의 자유로 위장하여 교묘히 자신들의 주장을 퍼뜨린다.

이들과의 기호전쟁이 그래서 중요하다. 언론 조작은 기호 조작의 핵심이다. 수구 기득권 세력의 언론 장악이 현대 민주주의의 가장 큰 문제가 되고 있다. '대학 기업화'와 마찬가지로 자본의 언론 지배를 의미하는 '언론 기업화'가 민주주의에 커다란 위협이 되고 있다. 한국의 언론은 신문과 방송을 막론하고 이미 자본의 가치사슬에 포획된 상태다. 대부분의 기자들은 저널리스트의 사명을 방기하고 순종적 샐러리맨으로 처신하고 있다. '기레기'라는 멸칭을 받더라도 성찰과 반성의 기미는 보이지 않는다.

현대의 언론은 정보와 지식을 전달하고 그것을 평가하는 일에 그쳐서는 안 된다. 정보와 지식의 생산 자체에 대한 성찰과 비판이 이루어져야 한다. 현대 기술문명이 발달할수록 민주주의도 함께 발전하는 반면, 민주주의 파괴 세력도 비례해서 힘을 증가시킬 수 있는 역설적 환경이 조성되고 있다.

오늘날 파시즘 세력이 기호조작의 장에서 큰 힘을 발휘하고 있는 것이 그 증거다. 자본에 의해 장악된 언론사들과 대학들이 생산하고 있는 지식과 담론들, 그리고 반민주적인 세력들이 뱉어내고 있는 거짓 언표들이 민주주의를 위협하는 가장 큰 사회적 문제가 되고 있다. 단순히 가짜 뉴스를 걸러내는 것을 넘어, 지식과 담론을 만들어내고 왜곡까지 하는 모든 기호조작들에 대응하여 정도를 제시하는 것이 언론의 역할이 되어야 한다. 김누리 선생도 다음을 통해 기호전쟁의 목표를 정확히 지적해 주고 있다.

"거짓의 언어가 판을 친다. 이것이 한국 사회의 변혁을 가로막는 최대의 적이다. 거짓 언어로는 현상을 파악할 수 없고, 현상을 파악하지 않고서는 현실을 변화시킬 수 없다. 우리가 진정 세상을 변화시키고자 한다면, 먼저 모든 언어에 켜켜이 늘어붙어 있는 거짓의 때를 벗겨내야 한다. 한국 사회에서 진보가 과연 진보인가, 보수가 과연 보수인가, 민주주의가 과연 민주주의인가, 자유가 과연 자유인가, 공정이 과연 공정인가. 단어 하나하나의 의미를 다시 묻고, 또 캐물어야 한다."[95]

교육 민주화에 있어서 비판교육이 중요했던 것처럼 언론 민주화에 있어서도 비판언론이 관건이 된다. 기호조작이 더욱더 교묘해지고 진실과 거짓을 가리고 평가하는 일이 점점 더 어려워지는 복잡한 현대사회에서 언론의 비판 기능은 무엇보다 더 중요해지고 있다. 언론은 진실만을 생산하고 진실만을 전달하고 진실만을 판독해내야 한다. 진리를 왜곡하고 사실을 호도하는 세력은 민주주의의 적 파시스트 세력이다. 그들과의 기호전쟁에서 맞서 싸워 승리할 수 있는 언론 생태계를 구축해야 한다.

권력이 시장으로 넘어갔다고 할 수 있는 신자유주의 현대 자본주의하에서 언론의 자본으로부터의 독립이 중요하다. 특

---

95 『우리에겐 절망할 권리가 없다』, 5~6쪽.

히 오늘날 포털과 같은 플랫폼 자본으로부터의 독립이 점차 중요해지고 있다. 대자본에 장악된 기존 언론에 대항할 수 있는 독립적인 언론, 광고주로부터 자유로울 수 있는 언론이 필요하다. SNS나 유튜브 등 플랫폼을 이용한 언론이 하나의 대안이 될 수 있을 것이다. 진보를 지향하는 깨어 있는 시민들의 후원과 참여가 언론 지형을 바꿀 수 있을 것이라 생각한다. 오늘날과 같은 디지털 시대에서는 플랫폼상의 기호전쟁에서의 승리가 전체 언론의 승패를 좌우할 것이다.

기술의 발전이 민주주의에 미치는 효과는 기술에 대한 소유권과 통제권이 누구에게 있는가에 달려 있다. 언론의 민주화를 위해서는 미디어에 대한 소유와 통제가 중요한데 특히 현대 자본주의하에서는 인터넷 플랫폼의 소유와 통제를 누가 하는가가 매우 중요하다. 자본인가 국가인가 민중인가? 자본의 집중으로 거대한 미디어 플랫폼이 언론 시장을 지배하는 상황에서 이들에 대한 민주적 통제와 이들에 대항할 수 있는 미디어와 플랫폼을 세우고 유지하는 것이 언론 민주화를 넘어 전체 민주주의를 지키기 위한 핵심 과제라고 할 수 있다.

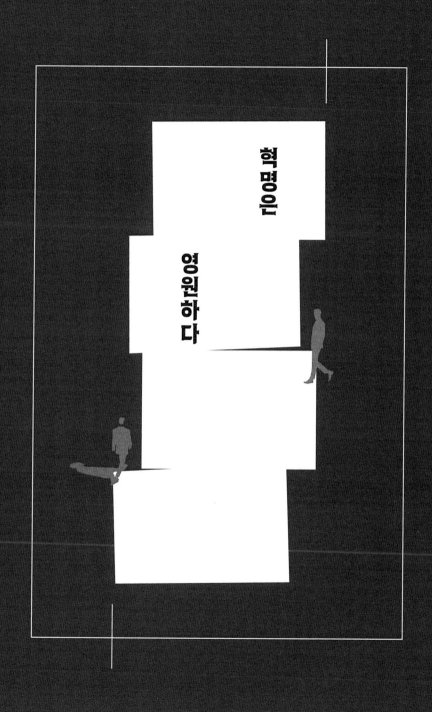

혁명은

영원하다

혁명의 성공 기준

혁명의 성공과 실패는 자유와 평등의 확산 여부에 달려 있다. 근대 몰적 혁명은 혁명의 종결 이후 성패의 판단이 가능하다. 재영토화된 새로운 질서하의 상태로써 판단할 수 있다. 탈근대 분자적 혁명은 끝이 없는 과정이다. 탈영토화와 재영토화의 영원회귀에 따른 영구적 혁명이다. 따라서 과정을 지속시키는 것이 성공의 열쇠다. 과정의 완성은 과정을 끝내는 것이 아니라 과정을 지속시키는 것이다.

68혁명과 촛불혁명은 몰적으로는 끝났을지 모른다. 선거의 실패와 신자유주의 세계화로 68혁명은 실패로 끝났다고 평가되기도 한다. 촛불혁명도 그간 진보 세력으로 간주되었던 위정자들의 위선과 민중의 반동화로 인한 선거 패배로 5년 만에 막을 내렸다고 볼 수도 있다. 그러나 분자적·미시적 차원에서는 끝났다고 볼 수 없다. 혁명의 욕망은 완전히 사라질 수 없다. 일시적으로 파시즘 세력이 우위를 점할 수 있을지라도 68정신과 촛불정신은 우리의 무의식 속에 영원한 기억으로 남아 있을 것이기 때문이다. 파시즘이 민주주의에 내재적인 적으로서 영원히 존재하듯이 혁명의 욕망도 영원하다. 양자의 길항작용으로 역사는 이루어지는 것이다.

대표집단의 위선과 예속집단의 반동에도 불구하고 주체집단에서의 자유와 평등의 확산을 위한 노력은 끊임없이 이어지고 있다. 언제 어디서나 존재하는 저항과 탈주의 흐름은 무엇으로도 막을 수 없다. 파시즘의 극과 혁명의 극 사이를 진동하며 탈영토화와 재영토화를 영원히 반복하는 것이 존재의 운명이다. 앞서 한반도의 숙명을 말했다. 세계사를 이끌 한반도에서 혁명적인 촛불정신은 사라질 수 없는 운명이다. 촛불정신은 다시 각성하고 부활하여 세계를 이끌 것이다.

존재의 욕망과 혁명

존재의 본성은 생성이다. 생성이 없다면 존재하지 않는 것이나 마찬가지다. 들뢰즈와 가타리는 생성을 탈주로 표현한다. 무엇으로부터의 도망이 아니라 무엇에 대한 창조적 생성을 말하는 것이다. 생성과 탈주는 창조적, 생산적 욕망의 발현이고 욕망은 본성적으로 혁명적이다. 욕망은 본성적으로 자유와 평등을 추구한다. 정의와 진보를 향한 욕망을 영원히 벗어날 수 없는 것이 인간의 숙명이다. 인간이 인간이라면.

방향은 정해졌다. 진보만이 갈 길이다. 진보와 퇴행, 혁명과 반동, 민주주의와 파시즘 사이에서의 욕망의 진동은 인간 존재의 속성이다. 참된 욕망이라면 억압이 아니라 해방의 길을 선택할 수밖에 없다. 그것이 진보, 혁명, 민주주의의 길이다. 신중한 탈영토화, 분자적인 영구 혁명, 실질적 민주주의가 진정한 진보로서 우리가 지향하는 바다.

앞서 말했듯이 중도라는 것은 없다. 생각과 취향을 직선 위에 일차원적으로 늘어세울 수는 없다. 세상은 3차원 공간으로 되어 있고 시간과 생각을 더하면 4차원, n차원도 될 수 있다. 진보와 보수를 대립적 쌍으로 보는 것도 잘못된 것이고 '진보와 보수 사이의 중도'라는 것도 허상에 불과하다. 진영에 갇혀 있지 않은 다양한 부류의 사상적 다양체가 있을 뿐이다.

따라서 중도를 지향한다는 주장은 무식한 헛소리이거나 악의적 위선일 가능성이 높다. 계급 정당을 벗어나 국민 정당을 내세운 서구의 '제3의 길', 중도 정당을 지향한다는 한국의 위정자들이 모두 그러한 사례들이다. 이들은 우리의 대안이 될 수 없다. 진보만이 우리의 대안이자 지향점이다. 가운데가 아니라 앞으로, 위로 가야 한다. 단언컨대 중도라는 것은 없다. 진보와 퇴행만이 있을 뿐이다. 우리의 선택은 진보일 수밖에 없다.

문제는 속도다. 민주주의는 직진하지 않고 진보와 퇴행을 거듭한다는 것을 인정하더라도 그 과정에서 속도를 최대화하여 민중의 고통과 희생을 최소화해야 한다. 주체집단과 예속집단 사이에서 흔들릴 수밖에 없는 민중 개개인의 노력이 필요하지만 속도에 결정적인 영향을 줄 수 있는 것은 대표집단의 태도다. 민중을 선도하고 이끌어가는 자들의 비일관성, 위선과 변절, 파시스트화가 민주주의의 속도를 지체시키는 가장 큰 걸림돌이다.

흔히들 민도가 정치의 수준을 결정한다고 말한다. 대표자의 수준은 민중의 수준을 반영한다는 것이다. 그러나 세상 모든 것은 일방향이 아니라 상호작용으로 결정된다. 정치 지형은 기본적으로 민중에 의해 선택되는 것이지만 정치 지형이 민중을 옴짝달싹 못 하게 옭아맬 수도 있는 것이다. 체제가 얼마나 민중을 오랫동안 억압하고 교묘히 지배할 수 있는지를 우리는 얼마든지 볼 수 있다. 예를 들자면 끝이 없다. 교육의 민주화, 언론의 민주화를 비롯한 실질적 민주화를 끊임없이 추구함으로써 민중의 각성을 꾸준히 유지하는 것만이 이러한 걸림돌들을 제거하는 길이다.

의지와 상상력을 가지고 전진해야 한다. 상상력이 부족하다면 모방이라도 잘해야 한다. 선진 민주주의를 베끼는 것은 비난받을 일이 아니라 칭찬받을 일이다. 그러나 모방도 쉬운 일은 아니다. 잘 베끼는 것도 능력이 있어야 한다. 하나의 전범으로 앞서 소개한 바 있는 빌리 브란트의 경우를 추천한다. 브란트 정부는 전후 정권교체를 이룬 최초의 사민당 정부로서 68혁명의 계승자라는 혁명 정부의 정체성을 지니고 있었다.[96] 빌리 브란트는 자신의 소임을 충실히 수행할 의지와 능력이 있었고 과감히 실천했다. 교육과 노동 개혁을 통해 복지

---

96 앞의 책, 85쪽 참조.

국가를 건설하고, 진정한 사죄를 통해 나치의 과거를 청산했으며, 동방정책으로 냉전체제를 허물고 데탕트를 주도하여 독일 통일과 유럽 통합의 기틀을 마련했다.

물론 정권을 교체해 준 독일 국민의 선택이 근본 동인이었다. 브란트가 혁명의 이상을 과감히 실천할 수 있었던 것은 68정신을 체득한 민중과 대표집단이 든든한 지지 기반이 되어 주었기 때문이다. 한국에서도 혁명 성공의 관건은 촛불정신의 일관적인 계승이다. 촛불정신과 촛불의 욕망이 살아 있다면 언젠가는 그것을 받들어 실현할 지도자와 세력은 나타나기 마련이다. 시간이 걸릴지라도 우리가 할 일은 각자와 모두의 욕망의 해방을 위하여 깨어 있는 시민으로서 일상의 혁명을 지속하는 것이다.

　　　　　　욕망의 해방을 위한 대전제가 사유의 해방
이다. 해방된 사유의 풍요함이 없이 욕망의 해방은 불가능하
다. 제대로 된 생각 없이 미망을 벗어난 참된 욕망이 정립될
수는 없는 법이다. 욕망을 억압하는 한국 사회 모든 악의 근
본 원인을 우리는 사유의 빈곤에서 찾을 수 있다. 사유의 빈
곤을 좀 더 구체적으로 말하면 철학의 빈곤, 관(觀) 또는 안목
의 빈곤이라고 할 수 있다. 철학을 여러 가지로 규정할 수 있
겠으나 나는 간단히 철학은 관(觀)의 정립이라고 생각한다.

　철학은 바른 생각으로 세계를 보고자 하는 것으로 세계관,
가치관, 인간관, 자연관, 과학관 등의 관을 정립하는 것이 철
학이다. 관을 정립하는 것은 더 쉬운 말로 하면 어떤 대상을

보는 데 필요한 안목을 기르는 것이다. 거창하고 대단한 것이 아니라고 여길 수도 있겠지만 철학, 관점, 안목이 있고 없고는 대단히 중요하다. 그러한 것이 없다면 무엇이 중요한지, 무엇이 의미 있고 가치가 있는 것인지 구분하거나 판단할 수가 없다. 스스로 판단하고 평가하지 못하는 자는 타자에 의존할 수밖에 없고 더 나아가 그들의 지휘와 조종을 받을 수도 있다. 그럼으로써 그들은 주인의 삶을 포기하고 사실상 노예로 살 수밖에 없게 된다.

나는 사유의 빈곤을 극복하는 하나의 길로써 탈근대로 가는 것을 제시하고자 한다. 근대의 모순을 사유하고 시정하려는 것이 탈근대다. 탈근대성의 가장 큰 특징은 근대성의 바깥에서 근대성을 조감하고 사유하는 것이다.

오늘날 사유가 빈곤하게 된 가장 큰 이유 중의 하나로 나는 사유가 근대에 머물러 있다는 점을 들고 싶다. 전근대에 머물러 사유 자체가 미개하고 야만적인 자도 물론 문제가 있지만, 근대성에 얽매어 스스로를 근대화한 문명인이라 여기며 자족하는 자가 있다면, 그는 사유의 부족함을 깨닫지도 못한 자라고 할 수 있다.

앞에서 근대와 탈근대를 비교 설명한 바 있다. 근대적 사유는 순응과 적응, 정주의 사유라고 할 수 있다. 반면 탈근대적

촛불혁명과 욕망의 해방

사유는 저항과 창조, 유목의 사유다. 균형 잡힌 사유를 위해서는 양자가 모두 필요하다. 근대와 탈근대가 적절히 조화되어야 사유의 풍요로움을 누릴 수 있다.

사유의 빈곤으로 말미암아 우리는 근대를 제대로 보는 것에 실패했다. 철학의 핵심은 사유를 사유하는 데 있다. 예술적 사유를 사유하는 것이 예술철학이고, 과학적 사유를 사유하는 것이 과학철학이고, 정치적 사유를 사유하는 것이 정치철학이다. 사유의 빈곤, 철학의 빈곤으로 말미암아 우리는 근대적 사유 방식을 사유하는 데 실패했다. 우리는 근대를 생각 없이 무비판적으로, 맹목적으로 받아들였다. 그것을 절대적 선으로 확신했다.

그렇게 이루어낸 것이 오늘날의 한국 사회다. 그러나 근대는 두 얼굴을 가지고 있다. 근대적 이성은 완벽하지 않고 언제든 파시즘으로 돌변할 수 있다는 것이 문제다. 우리는 그것을 통찰할 시간과 역량이 부족했다. 일본이라는 파시스트 국가를 통한 기형적 근대화와 분단과 전쟁, 독재를 거치면서 이루어진 압축적 근대화는 잘못된 근대화로 귀결될 수밖에 없었다.

우리에게는 근대화의 이면을 성찰할 여유가 없었다. 그러나 자책할 필요는 없다. 우리에겐 얼마든지 관점을 세우고 안목을 기를 역량은 충분하다. 지금 바로 시작하면 된다. 급속한 근대화를 이룬 우리는 이제 근대성에 대한 성찰과 반성이 필요하고 그것을 위해 탈근대로 가야 한다.

분명히 말하건대 탈근대는 근대를 버리는 것이 아니라 근대의 장점을 유지하면서 근대의 모순과 약점을 탈피하고자 하는 조화와 융합의 사유다. 급속한 근대화를 이루었듯이 이제 급속한 탈근대화를 이룸으로써 사유의 빈곤을 극복하고 성숙한 민주주의 사회로 성큼 더 다가서도록 하자.

한국형 구체제의 전복을 목표로 하는 촛불혁명은 탈근대 분자혁명의 전형이라고 할 수 있다. 촛불혁명은 욕망의 해방, 인간해방이라는 인류 전체의 목표를 추구하는 데 있어 하나의 전범이 될 수 있다. 한국이 세계 민주화를 선도하는 국가가 되기를 기대한다. 한국은 그럴 잠재력이 충분하고 여건도 무르익고 있다.